国际商学院演讲挑战赛指定教材

演讲密码

钱军进 ◎ 著

机械工业出版社
CHINA MACHINE PRESS

演讲的本质是将演讲者的"想法"植入听众的心智,这背后有没有底层逻辑?只要按照底层逻辑来设计演讲内容,就可以快速达到植入听众心智的效果。大道至简,万事相通。苹果落地是结果,路径是苹果与地球之间发生的万有引力关系;磷的自燃是结果,路径是磷和氧气之间发生的化合反应关系。就演讲而言,演讲者将想法装进听众的心智是结果,路径是演讲者与听众之间发生的某种关系,这个关系便是演讲的底层逻辑。

本书结合大量真实演讲案例,生动展示该底层逻辑,共包含四大关系:印象关系、欲望关系、链接关系、融合关系。这四种关系的英文首字母合在一起是 IDEA,恰好是中文的"想法"。整个逻辑体系被定义为"IDEA 演讲模型"。读者只要掌握了 IDEA 演讲模型,就可以轻松应对所有形式的演讲,成为一名演讲高手!

图书在版编目(CIP)数据

演讲密码:国际商学院演讲挑战赛指定教材／钱军进著. —北京:机械工业出版社,2023.6(2025.1重印)
ISBN 978-7-111-73453-6

Ⅰ. ①演⋯ Ⅱ. ①钱⋯ Ⅲ. ①演讲-语言艺术-教材 Ⅳ. ①H019

中国国家版本馆 CIP 数据核字(2023)第 116194 号

机械工业出版社(北京市百万庄大街 22 号 邮政编码 100037)
策划编辑:张若男   责任编辑:张若男 张晓娟
责任校对:王荣庆 张 薇   责任印制:单爱军
北京虎彩文化传播有限公司印刷
2025 年 1 月第 1 版第 3 次印刷
169mm×239mm・15 印张・285 千字
标准书号:ISBN 978-7-111-73453-6
定价:59.80 元

电话服务   网络服务
客服电话:010-88361066   机 工 官 网:www.cmpbook.com
　　　　　010-88379833   机 工 官 博:weibo.com/cmp1952
　　　　　010-68326294   金 书 网:www.golden-book.com
封底无防伪标均为盗版   机工教育服务网:www.cmpedu.com

谨以此书献给
所有希望通过演讲点亮人生的人

前言 | PREFACE

在很多朋友的眼中,我是一个特别另类的演讲专家,因为我干了一件他们认为"不可思议"的事情:用一套演讲思维模型,打通了所有类型的演讲。小到自我介绍,大到主题演讲,这套模型可以让一个演讲小白快速成为演讲高手。

事实上,我是一个从小就有语言表达"障碍"的人,还是一个急性子,简直是雪上加霜。

在很多重要时刻,我要么不敢说话,要么说得乱七八糟!这个毛病,几乎让我在人生的至少前20年里活在"痛苦"之中。

记得五年级时,我去参加了县里组织的一个作文竞赛。半个月后,班主任把我和几个同学喊到教室外,告诉我们得奖了。由于内心过于激动,我居然没听清自己拿的是几等奖(当时没给奖状,后来也一直没给)。我想问,但话就在嘴边怎么也吐不出去,急得手心里都是汗。接下来的几个月,我经常做梦都在问老师我的比赛结果,但每次见面想问却又吞了回去。10多年过去了,一次偶然的机会,我在回老家的中巴车上,碰到当年的班主任。一番寒暄之后,我居然迫不及待地问老师当年的比赛情况。老师一脸茫然,说:"我怎么不记得有这么个比赛!"

高一刚开学,老师组织了一次春游。大家围坐在公园草地上,挨个介绍自己。轮到我时,刚说几句话,本来很热烈的气氛,突然就冷了下来,好几个同学开始自顾自地聊天。就这样,我尴尬地结束了分享,心想这是为什么呢?在那之后只要人多的地方,我就不太敢说话。

前言

后来，我考上了大学，去了离家很远的外地，学的是理工科。因为平时不太爱讲话，外加长得有些严肃，我平时几乎没什么朋友。为了锻炼自己，我鼓足勇气参加了学校某个社团的干部竞选。熬了几个夜晚准备好了演讲稿，我战战兢兢地上台讲完，结果"成功"落选。活动结束后，有位评委对我说："我几乎抓不到你讲话的重点。"

大三下学期，我去校外参加一个兼职工作面试，这份工作的待遇非常不错。当天，艳阳高照，我一咬牙一跺脚花了200多块钱买了一身西服。面试开始了，老板是位中年男子，胖胖的，眼睛里像是有一把刀。老板说："你好，请介绍下你自己。"我脑子里突然嗡的一下，嘴里胡说一气，前言不搭后语。更要命的是我性子急，经常上一个字把下一个字给绊了一下，磕磕巴巴，含糊不清。老板实在忍不住，打断了我："没见过说话比你还乱的！"说完，对旁边助理喊了声："去叫下一个吧！"

大学毕业那一年，我坐着绿皮车晃晃悠悠17个多小时到了广东惠州，进了一家合资电子厂，成了一名助理化学分析师。一天到晚和数据打交道，不喜欢主动汇报工作，也不敢参加公司的竞聘演讲。老板几乎看不见我的存在，加薪升职跟我也丝毫没有关系。我经常夜里翻来覆去睡不着，对未来感到一片茫然。

后来，我被同事拽去听了一位国外著名企业家的现场演讲。这位企业家谈到"演讲的重要性"时，非常激动地向全场呐喊："What you have is important, but showing what you have is more important.（你有什么很重要，但是让别人知道你有什么更重要。）"一瞬间，我感觉有一股电流穿过我的心脏！

我决心改变自己，和过去的"毛病"说再见，于是我投入大量时间和精力学习演讲。我翻阅了几乎所有我能看到的演讲书籍，学习了各种各样的方法，而且坚持刻苦练习。但，收效甚微。

正在翻阅此书的你，是否曾经有过类似的经历，而且内心也和我一样苦恼：为什么这些方法对自己没什么用？我开始自我怀疑，甚至觉得自己没有天赋根本学不好。当我几乎要放弃时，有幸读到了著名投资人查理·芒格的思想：底层模型可以让一个普通人变成高手！

那么，演讲的模型是什么？经过长达10余年的研究，我发现：演讲的本质是个体与群体之间以语言为载体发生特定"关系"，从而实现传递"想法"的过程。基于此发现，我总结出了"IDEA演讲模型"，该模型已经成功取得国家版权登记，其中每个字母代表一种关系。演讲者只需先确定自己的"想法"，然后根据IDEA代表的4种关系去设计展开演讲内容，就可以顺利将自己的想法植入听众的心智。

打个比方，IDEA演讲模型使得做一场演讲如同解一道数学题，你知道分几步，每步用哪个公式，层层推进，这道题就一定能得到正确的结果。IDEA演讲模型中的4种关系就相当于数学公式，正确结果即是"实现传递想法"。

稻盛和夫曾经将自己的成功归纳为一个方程式：工作成果＝思维方式×热情×能力。其中只有思维方式有正负。如果思维方式错误即为负数，热情越高或能力越强只会加剧失败。同样道理，我将演讲总结为一个方程式：演讲效果＝演讲逻辑×技巧（手势、声音等）×训练。如果你的演讲逻辑是不合理的，技巧再好或训练再努力，演讲效果只会更糟糕；相反，如果你的演讲逻辑很出色，技巧和训练即便有所欠缺，演讲效果仍然可以非常精彩。要知道，世界上有很多演讲高手身患残疾或者说着浓重的方言。可惜的是，市面上大部分演讲书籍只偏重演讲技巧，而忽视了演讲逻辑的重要性，导致很多像我这样没有天赋的学习者学而无果，中途放弃。

如果你认同我前面所说的，请赶紧仔细阅读眼前的这本书，踏上IDEA演讲模型的奇妙学习之旅。除了详细、全面讲解IDEA演讲模型的4种核心关系及重要知识点，书中还解析了大量最新最热门的演讲案例。你会惊叹这些成功演讲背后的底层逻辑居然是一样的，都符合IDEA演讲模型。更重要的是，你将在自我介绍、会议发言、工作汇报、竞选竞聘、团队激励、商务演讲、专题分享、主题演讲等各种人生"关键场景"表现出众，让身边的领导、同事以及朋友们刮目相看。

于我而言，IDEA演讲模型给我带来了巨大的惊喜！我不仅成功克服了困扰我近20年的语言表达"障碍"，成长为一名中英文演说专家，我还收获了一些不错的成绩：我曾经轻松获得"我是好讲师"大赛金科奖；受聘担任多家知名商学院演讲导师及管理沟通类课程主讲教师。我组织发起了国际商学院演讲挑战赛，通过传授IDEA演讲模型帮助全国100多所商学院的精英们快速提升演讲能力。他们都是企业中高管、行业精英以及企业家，通过大赛主题演讲充分展现自己，找到了自己的同频人、合伙人以及投资人。

此外，IDEA演讲模型帮助了很多企业家在行业峰会上发表精彩演讲，获得掌声无数；帮助了很多创业者通过项目路演拿到了大笔的投资，比如我辅导过的一名创业者参加某知名创业节目，成功融资600万；帮助了很多同学顺利通过升学或求职面试，比如我曾经辅导过一名考研刚达到国家线的同学获得考研复试面试第二名的好成绩，顺利被顶尖名校录取；帮助了很多职场精英通过演讲打造个人IP，赢得更多人生机遇；帮助了很多老师梳理课程逻辑，获得学生的狂热喜爱……

我写此书的目的是：让中国乃至全世界没有演讲天赋的普通人，通过学习掌握IDEA演讲模型，快速成为一名演讲高手，用演讲点亮人生！

目录 | CONTENTS

前言

第一章 演讲的底层逻辑 ...001
    01 掌握这个模型，演讲很轻松 ...003
    02 听众很冷漠，只因你没有明确的"想法" ...008

第二章 建立你的"印象"——引发听众关注 ...013
    01 无印象，不演讲 ...015
    02 标签式印象点，快速勾住听众 ...024
    03 结果式印象点，激发听众信任感 ...035
    04 辅助式印象点，现场听众一秒入戏 ...046
    05 演讲PPT设计——印象点 ...051

第三章 唤醒听众的"欲望"——激活听众渴望 ...055
    01 抓住欲望，让听众产生好奇心 ...057
    02 情感式欲望点，撩动听众的心 ...064
    03 认知式欲望点，让听众迫不及待 ...077
    04 价值式欲望点，使听众兴奋起来 ...084
    05 演讲PPT设计——欲望点 ...093

第四章　植入精准的"链接"——输入听众信息　...097

- 01　把想法说清楚，就是最好的链接　...099
- 02　证明式链接点，听众深信不疑　...103
- 03　诠释式链接，听众瞬间心领神会　...120
- 04　展开式链接，听众愿意步步跟随　...130
- 05　演讲 PPT 设计——链接点　...145

第五章　塑造你的"融合"——获取听众共鸣　...149

- 01　有空间，才会有共鸣　...151
- 02　场景式融合点，听众走进你的世界　...156
- 03　精神式融合点，感召听众行动起来　...163
- 04　演讲 PPT 设计——融合点　...169

第六章　IDEA 演讲模型实战应用　...173

- 01　IDEA 演讲提纲，演讲从未这般轻松　...174
- 02　漂亮自我介绍，让面试官无可挑剔　...177
- 03　优秀工作汇报，老板对你刮目相看　...185
- 04　如此竞选竞聘，结果令你喜出望外　...191
- 05　卓越商务演讲，高效推广项目产品　...201
- 06　出色专题分享，让你成为行业讲师　...209
- 07　完美主题演讲，听众成为你的粉丝　...215

后　记　...228

第一章

演讲的底层逻辑

世界上有两件事情最难办，一件是把自己的想法装进别人的脑袋，另一件是把别人的钱装进自己的口袋。

对于第一件事，每个人的脑子里都经常有一些迫切的想法，希望让别人愉快地接受。比如，在职场上：你想让领导接受"我的方案非常可行"，你想让客户接受"我的产品值得购买"，你想让团队接受"公司目标可以实现"等；在生活中：你想让父母接受"出国留学对我很有价值"，你想让孩子接受"学习可以改变未来"，你想让女朋友接受"和我在一起会幸福"等。领导、客户、团队、父母、孩子、女朋友都是你的听众。

演讲的本质就是将你的想法装进听众的脑袋，可以是面对一群人，也可以是面对一个人。所以，人生处处是演讲。

01

掌握这个模型，演讲很轻松

如何将你的想法装进听众的脑袋？这是一件看起来非常感性的事情，好像无法从理性层面上处理！但，我一直坚信：大道至简，万事相通。

苹果落地是结果，路径是苹果与地球之间发生的万有引力关系；磷的自燃是结果，路径是磷和氧气之间发生的化合反应关系。

就演讲而言，将演讲者的想法装进听众的脑袋是结果，路径是演讲者与听众之间发生的某种关系，这个关系便是演讲的底层逻辑。

这个关系是什么？经过长达 10 余年的研究发现：演讲时，在某个"想法"进入听众心智的过程中，演讲者与听众之间会发生 4 种关系，分别是：印象关系、欲望关系、链接关系、融合关系。

为了讲清楚这 4 种关系，我们需要用"看本质的眼光"去重新认知演讲者和听众。在万有引力关系中，苹果和地球的参与本质是质量；在化合反应关系中，磷和氧气的参与本质是元素。

那么，在演讲的 4 种关系中，演讲者和听众的参与本质是什么？答案：信息体。

从传统认知角度，人的本质是一个生命体；但，人还有另外一种本质"信息体"。关于信息体，"黑洞"概念的提出者、物理学家约翰·阿奇博尔德·惠勒认为：It from bit.（万物皆为信息。）人和世间万物一样，都是信息体。

从信息体角度出发,接下来,你将进入一个全新的演讲世界!

演讲者与听众是两个独立的信息体,具有各自独立的信息场。演讲开始前,听众的信息场处于相对"平静状态"。作为演讲者,在植入你的"想法"前,你必须激活听众的信息场。如何激活?演讲者需要在听众的信息场中建立与其"想法"匹配的印象,通过高能量印象点释放能量去激活听众的信息场。同时,演讲者与听众之间形成了"印象关系"。

印象关系:建立"想法"匹配的印象

我有一位学员叫小曾,是一名非常成功的健身教练。她喜欢去各种场合做演讲分享,目的是向陌生客户传递一个"想法":我的健身课程值得学习。为此,她首先在听众的信息场中建立了两个高能量印象点:"资深健身教练""10年帮助近2000名学员成功减肥"。这两个高能量印象点瞬间激活了听众的信息场,呈现"激活态"。每次分享开场时,她是这么说的:

> 大家好,我叫小曾,我是一名资深健身教练。在过去的10年中,我帮助了近2000名学员成功减肥!

听众的信息场呈现"激活态",表明听众对演讲者产生了高度关注。下一步,演讲者需要通过唤醒听众与其"想法"相关的欲望,诱导听众继续听下去。同时,演讲者与听众之间形成了"欲望关系"。

欲望关系:唤醒"想法"相关的欲望

小曾在听众的信息场呈现"激活态"时,她快速地唤醒了听众的两个

欲望点:"一个月内快速瘦掉10斤""无任何运动损伤"。这两个欲望点让听众的信息场呈现"渴望态"。她是这么说的:

> 经过我的课程系统训练,我可以保证让你在1个月内快速瘦掉10斤,而且无任何运动损伤。

听众的信息场呈现"渴望态",表明听众对演讲者产生了浓厚的兴趣。下一步,演讲者需要梳理出支撑"想法"植入的"链接点",通过链接点将其"想法"与听众的信息场进行链接。同时,演讲者与听众之间形成了"链接关系"。

链接关系:植入"想法"有效的链接

小曾在听众的信息场呈现"渴望态"时,她迅速建立了3个高效链接点:"专业性""服务好""价格低"。这3个链接点将演讲者的"想法"(我的健身课程值得学习)与听众的信息场完全链接在了一起,形成了"连接态"。她是这么说的:

> 首先,专业性。我是国际认证健身教练……其次,服务好。我的课程有终身课后指导……最后,价格低。我的全套课程只需199元……

听众的信息场呈现"连接态",表明听众已经充分接收到了演讲者的"想法"。下一步,演讲需要塑造"想法"对应的融合,也就是塑造一个空间,吸引听众走进这个空间。同时,演讲者与听众之间形成了"融合关系"。

融合关系：塑造"想法"对应的融合

小曾在听众的信息场呈现"连接态"时，她精心塑造了两个融合点："每周一到周五晚8点""我的抖音直播间"。这两个融合点构建了一个融合空间，她是这么说的：

> 每周一到周五晚8点，我都有健身训练直播，欢迎来我的抖音直播间！

如果听众愿意走进小曾塑造的融合空间，听众的信息场就形成了"融入态"，表明听众完全接受了小曾的"想法"。

演讲过程中，随着"印象关系""欲望关系""链接关系""融合关系"层层递进，听众的信息场对应地形成"激活态""渴望态""连接态""融入态"。最终，演讲者成功地将某个"想法"植入了听众的心智。以下是健身教练小曾的演讲全文：

【印象】大家好，我叫小曾，我是一名资深健身教练。在过去的10年中，我帮助了近2000名学员成功减肥！

【欲望】经过我的课程系统训练，我可以保证让你在1个月内快速瘦掉10斤，而且无任何运动损伤。

【链接】首先，专业性。我是国际认证健身教练……其次，服务好。我的课程有终身课后指导……最后，价格低。我的全套课程只需199元……

【融合】每周一到周五晚8点，我都有健身训练直播，欢迎来我的抖音直播间！

关系—状态对应图	
演讲者与听众之间	听众的信息场
印象	激活态
欲望	渴望态
链接	连接态
融合	融入态

"印象""欲望""链接""融合"分别对应的英文单词为"Impression""Desire""Explore""Acquire"[一]。演讲底层逻辑4种关系的英文首字母合在一起是"IDEA",恰好是中文的"想法"。整个逻辑体系被定义为"IDEA 演讲模型",也就是演讲的底层逻辑,简称"演讲密码"。

如果你正在准备一次演讲,只要掌握好 IDEA 演讲模型,先确定此次演讲的 IDEA(想法),再依据 IDEA 演讲模型对应的4种关系设计你的演讲内容,最后自信地说出来,你就可以轻松将自己的 IDEA(想法)装进别人的脑袋。

所以,人人都可以成为演讲高手!

恭喜正在阅读此书的你,我确信,你将很快成为一名演讲高手!

[一] 关于"链接""融合"对应的英文单词,为什么选择"Explore""Acquire",本书在第四章 01 节和第五章 01 节会分别对其进行详细说明。

02

听众很冷漠，只因你没有明确的"想法"

人类历史上很多著名演讲跨越数十年甚至上百年，时至今日，听起来依然震撼人心、感人肺腑。这些演讲的演讲者具备一个共同的特点：他们都有一个强烈的IDEA（想法），想将其植入听众们的心智。

马丁·路德·金有一个强烈的IDEA"黑人应该和白人拥有同样的权利"，所以才有了经典演讲《我有一个梦想》；丘吉尔有一个强烈的IDEA"我们绝对不会投降"，所以才有了经典演讲《我们将战斗到底》。

我认识一个创业者叫小露，她在海南的一个小岛上开了一家民宿。最近，小露被邀请去一个青年创业论坛做一场演讲，但她觉得自己要说的东西太多，理不清头绪。她找到我，希望得到我的指导。我问她为什么想到要开民宿，她回答说因为住在海边，无忧无虑！对，这就是你的IDEA："住在海边，无忧无虑"。如果你能够将这个IDEA植入听众的心智，你的演讲就成功了。某一天，当听众想去享受"住在海边，无忧无虑"的生活的时候，就会想到你，也就极有可能选择你的民宿。

小露后来的演讲非常成功，很大程度上归功于她事先明确了自己的

IDEA。绝大多数演讲者在没有明确演讲 IDEA 的情况下，就匆匆下笔写自己的演讲稿，结果很可能是：无论你的演讲如何妙语连珠，无论你的演讲风格如何大气磅礴，但听众很可能会面无表情，也会很快忘了你的演讲。请千万不要抱怨听众冷漠，他们只是没有清晰接收到你的 IDEA 而已。

小刘同学是一家知名上市企业的高管，2022 年他报名参加了国际商学院演讲挑战赛。进入华南赛区决赛时，他的成绩很一般，涉险闯入全国总决赛。对此，他有些郁闷，因为他感觉自己的演讲内容非常精彩，但不知道为什么观众反应平淡，而且评委给的分数也不高。我在现场听了他的演讲，他一会儿讲到自己通过努力获得大量荣誉，一会儿又讲到自己任职的企业有大爱，听众听得稀里糊涂。赛后，小刘希望我给他一些建议。我问他，你这次演讲想要传递的 IDEA 是什么。他认真思考了一下，回答：只要努力尝试，人生可以无限精彩。我又问他，你觉得你任职的企业有大爱和这个 IDEA 有关系吗？他很聪明，一下子就明白了。大赛总决赛时，他删去了很多原来觉得特别重要的内容，完全聚焦在他的 IDEA 上。比赛结果令人惊喜，他获得了全国总决赛银目奖。同时，因为这篇精彩演讲，他收获了一群来自全国各地的志同道合的精英朋友。

小刘同学之所以进步神速，根本原因在于他后来产生了明确的 IDEA，这个 IDEA 会生成强大的驱动力。作为演讲者，当你的内心有了明确的 IDEA，你的演讲就会聚焦，就会有使命感。只有这样，你才能进入深度思考，才会狠心删掉那些"感动自己但却无关紧要"的内容。

IDEA（想法）的 3 个关键特征

IDEA 是一篇完美演讲的灵魂。演讲者的 IDEA 优秀与否直接决定了一篇演讲的成败。经过大量研究总结发现，一个优秀的 IDEA 必须具备 3 个关键特征（尤其针对主题演讲），分别是："植入性""价值性""独特性"。

1. 植入性

一场真正好的演讲，目的是让听众心智接受你的 IDEA，主动产生与 IDEA 相关的行为。所以，IDEA 是否具备"植入性"非常重要。举例，假设你是一名健身教练，正在准备一场有关健身的主题演讲。你此次演讲想要传递的 IDEA 是"我希望大家跟我一起练健身"。很抱歉！该想法不具备植入性，因为其主观目的性太强。如果按照这个想法展开演讲，你的演讲将会很难打动人。与之相反，"健身可以改变人生"或者"健身让生活更美好"等想法都具备植入性。听众会因为接受了你的 IDEA，产生了积极健身的行为，也就有可能跟你练健身。总而言之，IDEA 的主观目的性越强，植入性越差。换句话说，演讲的最终目的不是说服听众，而是引导听众接受你的想法，从而产生你想要看到的结果。

2. 价值性

一个优秀的 IDEA 必须能够向听众输出价值，这个价值可以是一种启发，也可以是一种方法。作为演讲者，你自己多么厉害不重要，输出有价值的 IDEA 才重要。比如，一位知名画家从头至尾讲自己的"丰功伟绩"，其演讲效果远不如一名普通画者告诉听众"画画如何让生活变得更有趣味"。

3. 独特性

一个优秀的 IDEA 必须具备一定的独特性，因为具备独特性的 IDEA 更容易抓住听众的心。比如你的演讲主题是关于跑步，除了可以传递 IDEA "跑步让一个脆弱的人更有毅力"，也可以换个角度，比如"跑步是体验不同城市美景的快捷方式"。但千万不能是"跑步特别重要"，这样的 IDEA 会让你的演讲缺乏辨识度，很容易被听众忘记。

IDEA 演讲模型实战情景练习

假设你正在准备一场主题演讲，请在深思熟虑后，尝试写下你此次演讲的"想法"（限 1 句话）：

_____

_____

第二章

建立你的"印象"
——引发听众关注

演讲开始前，演讲者与听众基本上是相互陌生的，从信息体角度出发，演讲者与听众的信息场几乎没有交集。作为演讲者，你必须在演讲一开始就引发听众的高度关注。怎么达到这样的效果呢？你需要尽快释放"有效信息"，让听众的信息场产生剧烈波动，快速产生与你的演讲 IDEA（想法）相匹配的认知。这个"有效信息"指的是你的高能量印象，比如，你准备做一场有关旅行的演讲，那么一开始就要在听众心智中建立起"旅行达人"的印象，将听众的信息场激活，形成"激活态"。听众只有在"激活态"的状态下，才能对演讲者产生关注甚至信任感。

01

无印象，不演讲

若兮是一位自由职业者，平时非常喜欢旅游。她经常参加一些社交活动，希望能结交更多的朋友。但是，每次当她做完自我介绍（自我介绍是一种常见的演讲类型）都收获寥寥。现场几乎没人主动联系她，有些人甚至在她演讲时玩起了手机。在一次商务聚会上，我碰巧在现场听到了她的自我介绍：

> 大家好，我叫若兮，来自四川成都，平时特别爱旅行。我是一个非常有好奇心的人，只要是我没见过的东西，我都感兴趣；另外，我很有激情，喜欢运动，去年第一次参加半马，全程坚持跑下来了；还有，我喜欢美食，对世界各地的美食都一些研究。希望能和大家交个朋友，以后有机会一起旅行！

听完若兮的自我介绍，你有没有想认识她的冲动呢？大概率是没有的。这样的自我介绍在我们的生活中比较多见，效果很不好，听多了会让人感觉"乏味无聊"。但，到底出了什么问题呢？

当你面对一群人做演讲时，无论你说什么，听众都会有陌生感。如果不能充分激活听众的信息体，你为演讲做出的所有准备将很可能是白忙活一场。所以，演讲一开始，你需要在听众心智中建立与你的演讲 IDEA 相匹配的印象，促使听众的信息场兴奋起来，呈现"激活态"，接下来就好办了！

演讲展开第一步，建立与 IDEA（想法）匹配的印象

建立印象之前，若兮必须明确这次自我介绍的 IDEA。在若兮得知我是演讲方面的专家后，很希望得到我的指导。我问若兮，你计划将什么样的"想法"植入听众的心智。若兮认真思考了下，回答说："和我一起旅行会很愉快。"如果想让听众愿意以后和你一起旅行，首先，第一步要做的是，让听众对你产生基础的信任感，觉得你在旅行这个方面很厉害，否则，在听众的信息体没有被充分"激活"的情况下，后面说再多都可能是徒劳的！

为了激活听众的信息体，若兮需要快速地在听众心智中建立与她的 IDEA 相匹配的高能量印象。听了我的建议之后，若兮调整了开头部分：

> IDEA（印象）："大家好，我叫若兮，来自四川成都。我是一名旅行达人，去过全世界 36 个国家，包括叙利亚、南非和挪威等。"

调整后，若兮建立了两个高能量印象点。第 1 个印象点："旅行达人"，这个印象点很快激活了听众的信息体。为了让激活效果更好，她增加了第 2 个印象点："去过全世界 36 个国家，包括叙利亚、南非和挪威等"，听众的信息场"涟漪"随之扩大，处于充分"激活态"。这种状态的外在具体表现为：听众对若兮产生了高度关注。

小苏是某茶叶品牌创始人，她的梦想是做中国最好的茶叶。为了推广自己的茶叶，小苏经常参加一些商务活动。由于特别清楚演讲的重要性，

每次出席活动，她都想尽办法找机会上台介绍自己。奇怪的是，现场听众对她自我介绍的反应一直是冷冷淡淡，这令小苏感到很失落，不知道该怎么办。去年，小苏经朋友推荐参加了我的演讲沟通训练营（成都站）。学习结束后，小苏很激动地告诉我，IDEA 演讲模型彻底改变了她的思维模式，也找到了她之前的问题症结。在学习 IDEA 演讲模型之前，每次自我介绍开场时，她会这么说：

> 大家好，我叫小苏，创立了某茶叶品牌，我在这个行业已经做了 10 多年，目前在全国有几家直营店。

在当时课程的互动环节，我问小苏，你做自我介绍时内心迫切的想法是什么，小苏说她想在听众心智中植入 IDEA（想法）"我的茶叶质量好"。紧接着，我让她挖掘与这个 IDEA 匹配的印象。她想了一会儿说："我是国家级茶艺师。"这个印象点非常好，会让听众觉得她在茶叶领域特别专业。

此外，"全国有几家直营店"没有激活效果，因为这与她的 IDEA "我的茶叶质量好"不直接匹配，更何况很多茶叶品牌在全国的直营店有成百上千家。当我得知她在西双版纳有自己的茶山而且每年都会去待很长一段时间，我建议她补充一个印象点："每年有 100 多天待在西双版纳的茶山，亲自选茶、炒茶"。这个印象点给听众的感觉是：她是真的爱茶，所以茶的质量肯定有保障。以下是她修改后的自我介绍开头部分：

> 大家好，我叫小苏，创立了某茶叶品牌，我在这个行业已经做了 10 多年。我是一名国家级茶艺师，而且在西双版纳有自己的茶山，每年都会在那儿待上 100 多天，亲自选茶、炒茶。

对比一下小苏前后的自我介绍，哪一个会更让你觉得她的茶叶质量好？我相信你的选择肯定是后者。

2019年，在我的面试训练营里，有一位叫小吴的MBA学员考研初试考了170分，刚刚达到国家线。他有些焦虑，觉得复试之后按总成绩排名肯定会被刷下来。我让他现场做了一个自我介绍，开头部分是这样的：

> 老师们好，我叫小吴。我2012年毕业于成都大学，现在是某存储企业管理部的一名高级经理，我们公司目前是国内位列前三的存储芯片生产商。

我问他，你这次参加复试，计划在面试老师的心智中植入什么IDEA（想法）？他回答："我值得被录取。"根据IDEA演讲模型，小吴需要找出自己与这个IDEA匹配的高能量印象点，激活面试老师的信息场，使其对小吴快速产生高度关注。

经过一番细致沟通，我帮助他挖掘了一个高能量印象点："南京市集成电路高层次人才"，再加上另外一个印象点增强激活效果：去年帮助公司年度营收突破50亿。这是他修改之后的"印象"部分：

> 老师们好，我叫小吴。我2012年毕业于成都大学，现在是某存储企业管理部的一名高级经理，我们公司目前是国内位列前三的存储芯片生产商。2016年我被评为"南京市集成电路高层次人才"，去年帮助公司营收突破50亿。

你可能会问，为什么"国内位列前三的存储芯片生产商"不是高能量印象点？原因很简单，虽然这个信息点很重要，但与小吴的IDEA"我值得被录取"不匹配。他的IDEA核心是"我"而不是"公司"。所以，这个信息点不属于高能量印象点。

小吴最终以复试第二名的成绩被心仪的顶尖名校录取，开启了全新的人生。无论你处于人生的哪个阶段，我们都需要从过往的个人信息中挖掘出高能量"印象点",在关键时刻释放出这些印象点的超能量。

2016年,在某档著名演说类节目上,英语培训师小董凭借有关教育意义的主题演讲获得了年度总冠军。他这篇演讲的 IDEA 非常明确且强烈:"教育是为了提升认知"。为了让听众在一开始对他快速产生高度关注,小董老师做了如下的开场:

> 我是一名英语培训师,我培训过的学员少说应该也有15万人,我曾经教过考研全市第一的学生。每年听我的课而通过四六级考试的学员,那是不计其数,同学们都很信任我,爱戴我,叫我小董老师,我自己也特别喜欢这个称谓。

演讲者小董老师在听众心智中建立了多个高能量印象点:"培训学员至少15万人""教过考研全市第一的学生""通过四六级考试的学员不计其数""受学员信任和爱戴的小董老师"。这些印象点与他想传递的 IDEA 极为匹配,一开场就让听众感觉演讲者有资格讲这个主题,很快产生了信任感!

2022年4月16日,"中国冰雪之夜"在北京首都体育馆举行。万众瞩目的青蛙公主、不久前在北京冬奥会上斩获两枚金牌、一枚银牌的中国女子自由式滑雪运动员谷爱凌,发表了一篇精彩演讲《自信的青春》。演讲的开头部分是这样的:

> 我先介绍下自己,我今年18岁,特别喜欢滑雪、我的猫和美食。我会挑选不同的领域去绽放我的完美主义,其他时候我就是一个很正常的青年。我今天最想和大家聊的就是这个。

谷爱凌通过短短的几句话,在听众心智中建立起了两个生动的印象点:"特别喜欢滑雪、我的猫和美食""挑选不同的领域去绽放完美主义"。听众在获取这两个印象点之后,对谷爱凌接下来的分享产生了更大的兴趣。

村上春树说，普通人啊，生在普通家庭，长在普通家庭，一张普通的脸，普通的成绩，想着普通的事情。我就是这样一个普通的人，我出生于河北省东部的一个小小乡村，在那里度过了平平淡淡将近十年的时光。

这是曾经火遍全网、来自衡水中学的张锡峰同学的励志演讲《小小的世界，大大的你》的开头部分。他借用知名作家村上春树的经典语录以及一句"我就是这样一个普通的人"，在听众心智中刻画了一个鲜明的印象点："普通人"。这个印象点不仅在演讲开场吸引了听众的关注，而且是他整场演讲之所以感动全场的关键点。

在国内一档著名演说节目上，一名人民警察发表了一篇演讲《命运的0.1秒》。在宽敞的演播大厅，只见这位演讲者身穿警服，头戴警帽，一身正气地走上舞台。他倾情诉说着自己亲身经历的一个个故事，其中一个故事讲的是关于一位粗心的妈妈。这位妈妈在出门前的0.1秒决定将5岁的孩子一个人留在家，结果孩子不慎从阳台坠落。

上面的案例中，演讲者上场一亮相，通过一身警服建立了高能量印象点："人民警察"。这个印象点瞬间引发现场听众的强烈关注，同时对接下来的演讲内容产生了极大的期待。除此以外，还有一个重要作用：现场听众在听演讲者讲故事的时候，该印象点让大家更有身临其境的感觉。

采用"印象对比法"，让听众对你的演讲充满兴趣

小乐是一名数学培训老师，主要教高中生如何提高数学成绩。她的教学体系非常实用，但每次上招生示范课，效果都不太理想，最后报名的人

也不多。小乐很郁闷,找到了我,希望我给她支支招。按照惯例,我让她现场给我上一课,她是这么开场的:

> 同学们好,我是你们的小乐老师,很开心和大家一起交流数学学习。今天我将和大家分享一套特别高效的数学提分体系。

这样的开场白,我们都司空见惯,内心甚至会没有丝毫波澜。我让小乐老师改一改,一开场就建立"印象对比",让听众对她的讲课内容迅速产生浓厚兴趣。改完后,她是这么说的:

> 我上高中的时候特别讨厌数学,几乎每次考试都不及格。后来,班里新来了一位非常厉害的数学老师,他教了我们一套数学学习方法。后来我的数学成绩突飞猛进,每次都在130分以上,高考数学竟达到了141分。大学毕业后,我花了近10年时间不断提炼和改进,将这套学习方法总结为一套数学快速提分体系。今天我就和大家分享这套神奇的体系。

两周后,小乐在示范课上使用了全新的开场方式。现场的学生家长们听完这样的开场,眼睛里开始放光。更让小乐开心的是,示范课结束后,报名上课的人数比以往增加了很多!

为什么会产生这么好的效果呢?因为这段开场建立了两个印象点,形成强烈对比:从"几乎每次考试都不及格的数学'差等生'"到"每次都考130分以上的数学'尖子生'"。这个印象对比瞬间释放大量能量,使得听众信息场产生强烈波动,迸发出对小乐老师的巨大兴趣。

新东方创始人俞敏洪每次演讲时,几乎都会提到"我3次高考2次落榜,最后考上北大";热播电视剧《狂飙》的主演张颂文坦言自己曾经在深圳做过导游。为什么名人都喜欢强调自己"糟糕"的过往,原因很简单:前后印象形成强烈对比,释放出强大的能量,深层次激活听众的信息场,从而引发听众的极大关注。

"一个高中都没有毕业的无名小卒,怎么做出让世界对他刮目相看的决定?"

曾经有一位著名励志演说家面对 5 万人演讲时,满怀激情地使用上面这句话进行了开场。现场观众听完变得超级兴奋,眼睛齐刷刷盯着演讲者,特别期待听到他接下来的分享。尽管这位演讲者的开场只有短短一句话,却包含了两个有着鲜明对比的印象点:"一个高中没有毕业的无名小卒"和"做出让世界刮目相看的决定的人"。如此强烈的印象反差,瞬间释放出大量能量,让现场听众的信息场迅速沸腾起来。

如果你正在准备一篇演讲,请根据该演讲的核心 IDEA（想法）,尝试从你过往的信息中,找出两个具备明显反差的印象点。比如,你的演讲是关于旅行的:我现在是一个"旅行达人",曾经我却是一个"宅男";你的演讲是关于理财的:我现在是一名"理财规划师",但我从前是一个"月光族"。这种对比效果会让听众对你产生高度关注,为你在听众心智中植入 IDEA 做好了有效铺垫。

采用印象前置法,提前在听众心智中建立高能量印象点

小葳是一名商务礼仪培训老师,经常给一些知名企业员工做礼仪分享。她有一个职业习惯,每次去企业之前,都会提前准备好自己的个人介绍视频。分享开场时,小葳一定先播放视频,因为视频里包含了她想传递给学员的高能量印象点。

演讲者可以根据个人需求,在演讲正式开始前,通过各种呈现形式(例如视频、海报、文字介绍等)提前传递自己的高能量印象点。这种方式在 IDEA 演讲模型中被定义为"印象前置"。

值得特别注意的是,很多名人演讲没有"印象"部分。这是因为听众对这些名人的高能量印象点早已耳熟能详,所以演讲中无须提及。此种情形同样属于"印象前置"。

 IDEA 知识点

"印象点"是引发听众关注的关键。当你计划将自己的 IDEA(想法)植入听众心智时,必须根据 IDEA 精心设计好"印象点"。在 IDEA 演讲模型中,"印象点"分为 3 种类型:标签式印象点、结果式印象点、辅助式印象点。

02

标签式印象点，快速勾住听众

小孙是一位资深房产顾问，负责的楼盘属于学区房。为了达到更好的销售业绩，她选择了用普及学区房知识的方式来吸引客户。最近，小孙被邀请去一个公开场合做专题分享，她心里有一个强烈的IDEA（想法）："我推荐的学区房是最好的。"现场很多人听了小孙的开场，就对她非常感兴趣。她是这么说的：

> 大家好，我叫小孙，身边的朋友喜欢称呼我"学区房猎人"。
> 今天给大家带来的分享主题是"如何选好学区房"。

猎人通常指的是打猎有专长的人，小孙用"学区房猎人"来形容自己，目的是说明自己很擅长找到好的学区房。"猎人"是小孙设立的标签，同时在听众心智中建立了高能量印象点："学区房猎人"。**这类通过设立标签引发听众高度关注的印象点，在IDEA演讲模型中被定义为"标签式印象点"。**

需要强调的是，IDEA演讲模型中"标签式印象点"对标签有两个严格的要求：第一，必须体现演讲者的核心特质；第二，必须和演讲IDEA高度匹配。

标签式印象点是一个高能量信息点。听众在不了解你的情况下，能够通过标签式印象点对你进行快速认知，信息场被瞬间激活。例如，《水浒传》

里有一百零八将，我们之所以对他们中的众多人物印象深刻，比如豹子头林冲、黑旋风李逵、花和尚鲁智深等，很大程度上是因为他们的独特标签：听到豹子头就想到"功夫了得"，听到黑旋风就想到"勇猛无比"，听到花和尚就想到"逍遥自在"。在当今这个内卷的时代，我们虽没有必要起一个如水浒人物一般夸张的花名，但拥有一个让人印象深刻的标签还是非常必要的。

我的学员里有位英语培训师叫小杰，非常痴迷研究英文单词的内在规律，历经10年总结出了一套神奇的单词记忆法。为了推广他的单词记忆法，小杰经常去各地院校给同学们做英语学习讲座。每次讲座开场时，小杰总喜欢分享自己在单词研究方面取得的一些成绩。但令他感到不解的是，同学们的反应很冷淡。经朋友介绍，小杰来到我的演讲沟通训练营，想听听我的建议。

经过全面了解，我建议他在讲座开始时，向听众传递一个标签式印象点："行走的牛津大词典"。该印象点能量非常高，会让听众感觉这位老师在英文词汇教学方面一定特别有研究，不然也不会自称"行走的牛津大词典"。事实也证明这个标签式印象点的激活效果特别好。小杰告诉我，自从称呼自己为"行走的牛津大词典"，不仅现场同学们对他的分享产生了浓厚的兴趣，而且随着这个标签式印象点的传开，很多人都慕名来听小杰的讲座。小杰对这样的结果感到惊喜不已。

大家好，我叫老刘（化名），江湖人称"土豆博士"，我曾经做了12年的土豆育种研发工作，我的人生目标呢，就是让更多的人吃上更好的土豆。

在著名创业融资节目《合伙中国人》上，一位创业者称自己为"土豆博士"。这个标签式印象点瞬间引发了包括徐小平在内的投资大佬们的极大兴趣,最终他获得了徐小平750万元占比8%股权的投资。

中国第一档户外探险纪实类系列纪录片《侣行》的主人公张昕宇、梁红曾经发表了一篇名为《至少我还活着》的主题演讲。张昕宇在开头部分向听众展示了一个标签式印象点:"热爱生活、爱冒险的疯子"。他是这么说的:

> 我是一个热爱生活、爱冒险的疯子,去过世界上很多的地方,就是想看看世界到底有多大。这些年去过索马里、核辐射阴霾笼罩的切尔诺贝利、马鲁姆火山,还有世界寒极奥伊米亚康。

你们试想一下,如果张昕宇只是不断强调自己热爱生活、热爱探险,不论他描述得多么有激情,听众也无法体会到他所达到的境界。但是,他用了"疯子"这个标签来定位自己,听众一下子就明白了,而且会特别关注他接下来的分享,想看看他是怎样的一个"疯子"。

电影《隐形的翅膀》女主角、被称为"断臂天使"的雷庆瑶,3岁时因为被电击失去双臂,但她却克服重重苦难,不仅可以用双脚穿衣、做饭,甚至还可以用双脚绘画等。她是一个特别爱美的女孩,在某档著名节目上发表了一篇精彩演讲《变美的权利》。她是这么开场的:

> 我有很多标签,残疾人游泳运动员,大众电影百花奖最佳新人,全国自强模范。可是如果让我给自己一个标签的话,那一定是爱美狂人。我的家里有三个房间,最大的那个房间是我的衣帽间,我的高跟鞋就有100多双。我喜欢化妆,不化妆就不出门,如果实在是太忙了,也会涂上口红。

雷庆瑶向听众传递了一个标签式印象点:"爱美狂人",表明了自己在爱美这件事情上极度专注。我们很多人都很爱美,但很难达到"狂人"的地步,所以"爱美狂人"这个标签式印象点瞬间抓住了听众的注意力。

> 大家好，我叫小宇，来自中国第一状元县安徽休宁县，目前我是一家电商企业的负责人。

在我的演讲沟通训练营（上海站）里，一位创业者小宇自告奋勇地上台自我介绍。他强调自己来自中国第一状元县，目的是间接建立一个标签式印象点："一个有才学的人"。实际效果很不错，听完他的自我介绍，我潜意识里认为小宇是一位非常聪明的年轻人。

 IDEA 知识点

> 标签式印象点主要分为：能力型标签、特色型标签、身份型标签。在本节前面介绍的房产顾问小孙的演讲案例中，"学区房猎人"属于能力型标签；在探险家张昕宇的演讲案例中，"热爱生活、爱冒险的疯子"属于特色型标签；在电商企业负责人小宇的演讲案例中，"来自中国第一状元县安徽休宁县"属于身份型标签。标签式印象点常见于自我介绍、竞选竞聘、专题分享、商务演讲、主题演讲等演讲类型。

演讲者通过突出自己的某项能力形成标签式印象点，这类标签在 IDEA 演讲模型中被定义为"能力型标签"。比如，房产顾问小孙将自己形象地类比成"学区房猎人"，英语培训师小杰称自己为"行走的牛津大词典"，创业者老刘则给了自己一个江湖雅号"土豆博士"。"能力型标签"常见于自我介绍、专题分享、商务演讲。

"能力型标签"在演讲中的应用

能力型标签——自我介绍

自我介绍时使用能力型标签，目的是展现演讲者在某个领域的特长，从而吸引对这个领域感兴趣的听众的注意力，比如"旅行达人""时间管理大师""冥想疗法倡导者"等。在上一节自由职业者若兮的演讲案例中，若兮在自我介绍时称自己为"旅行达人"。再看一个例子，在广州某家赛艇俱乐部组织的商务聚会上，会员小冉这么介绍自己：

  大家好，我叫小冉，我是一名冥想疗法倡导者。两年前，我在哈佛大学进修过心理学。

能力型标签——专题分享

  专题分享时使用能力型标签，目的是呈现演讲者在某个知识领域的专业度。比如，在本节前面英语培训师小杰的案例中，小杰老师做了一个非常好的示范。每次讲座时，他都会这么说：

  同学们好，我叫小杰，我是一名英语培训师。我的学生们都喜欢喊我"行走的牛津大词典"。

能力型标签——商务演讲

  商务演讲时使用能力型标签，目的是呈现演讲者在某个产品领域的专业度。比如，在本节前面创业者老刘的演讲案例中，老刘称自己为"土豆博士"。再举个例子，某减肥训练机构创始人小章在一次区域性创业大赛上这么说：

  各位老师好，我是一家减肥训练机构的创始人，大家可以叫我小章。我的学员给我起了一个好听的称呼"减肥天使"，意思是我就像天使一般帮助他们找回了身体轻盈的快乐。

  演讲者通过突出自己的某个特色形成标签式印象点，这类标签在IDEA

演讲模型中被定义为**"特色型标签"**。比如,《侣行》的主人公张昕宇夸张地称呼自己为"疯子",《隐形的翅膀》女主角雷庆瑶则称自己为"狂人"。特色型标签常见于自我介绍、商务演讲、主题演讲。

特色型标签——自我介绍

自我介绍时使用特色型标签,目的是展现演讲者的某个核心特征,从而吸引对这个特征感兴趣的听众的注意力,比如"斜杠青年""细节控""徒步爱好者"等。在一次朋友聚会上,多才多艺的小穆这么介绍自己:

> 大家好,我叫小穆,我就是很多人嘴里常说的"斜杠青年"。我是一名记者,也是一名摄影师,我还出版了自己的小说。

特色型标签——商务演讲

商务演讲时使用特色型标签,目的是吸引客户或投资人等的眼球,从而获取他们的关注。例如,90后农村女孩小阳报名参加了著名创业融资节目《合伙中国人》,项目路演时,她说出了一个非常好听的特色型标签:

> 我叫小阳(化名),在网络上大家都叫我"书香姑娘"。我来自湖北仙桃的一个农村,今年24岁,在深圳创业,我的项目叫某直供,是国内首家农产品众包式零售平台。

特色型标签——主题演讲

主题演讲时使用特色型标签,目的是让听众的注意力迅速聚焦在演讲者的某个突出特征上,从而产生进一步了解的期待,同时为后续的演讲内容做好铺垫工作。比如本节前面演讲案例中,张昕宇的"疯子"和雷庆瑶的"爱美狂人"都起到了不错的聚焦和铺垫效果。再看一个例子:

我本科学的是新闻和口语传播，从很小很小开始，我就拿过无数个演讲、辩论、朗诵甚至是相声的冠军。那时候我同学常常笑话我，他说，老余啊，好像所有关于嘴巴的东西，你都可以弄个奖杯回来。但是就这样的一个人进入了食品业，我是一个彻彻底底的外行人。扎进了食品行业，我才知道：天呐，原来这个水之深，深到我们难以想象。

这是一篇极具震撼力的主题演讲《外行人的糖》的开场部分，演讲者老余强调自己是一个"外行人"。他以一个外行人的角度揭露了食品加工行业的内幕，内容冲击力非常强。"外行人"是老余的"特色型标签"，从一开始就吊足了听众的胃口。

演讲者通过突出自己的某种身份形成标签式印象点，这类标签在IDEA演讲模型中被定义为"身份型标签"。身份型标签中的"身份"通常包含3个信息点：姓名、职业（含专业头衔）、出生地点。身份型标签常见于自我介绍、专题分享、主题演讲。

身份型标签——自我介绍

自我介绍时使用身份型标签，目的是通过突出身份信息点吸引听众的关注。该应用分3种情形：

（1）如果将"姓名"作为标签式印象点，表述时需要对姓名进行加工处理，比如通过"拆字"或者"谐音"等方法增强"姓名"的信息点能量。例如，某论坛发起人李龙介绍自己时，经常说："大家好，我叫李龙，李世民的李，成龙的龙。"某协会副秘书长古丽介绍自己时，喜欢说："大家好，我叫古丽，我特别需要大家的鼓励。"

关于演讲时是否有必要对名字进行拆解说明，很多演讲专家们的观点大相径庭。有人认为非常重要，有人认为极其无聊。之所以存在这么大的分歧，是因为大家都只是从语言表面出发而不是底层逻辑。当你选择对姓名进行拆解说明时，就意味着你将姓名作为标签式印象点，合理与否取决于你的演讲类型以及是否匹配你的演讲IDEA（想法）。例如，自我介绍时可以采用姓名作为高能量印象点，而且其IDEA的核心是"大家记住我"。但，如果你的IDEA是"我的健身课程值得学习"，你却对姓名进行过多说明，反而削弱了你的核心信息传递。

（2）如果将"职业"作为标签式印象点，你的职业最好是不常见或者很特别。比如，在一次商务聚会上，小雅的自我介绍让大家瞬间记住了她："大家好，我叫小雅，我是中国第一代移民警察。"你也可以将专业头衔作为标签式印象点。比如，在一次行业沙龙上，书法爱好者小森这么介绍自己："大家好，我叫小森，目前是中国书法家协会会员。"

（3）如果将"出生地点"作为标签式印象点，出生地点必须能够间接反映演讲者的某种特质。比如，在国际商学院演讲挑战赛组委会内部会议上，北京理工大学的小娜同学向大家自我介绍："大家好，我叫小娜，来自中国武术之乡河北沧州。""中国武术之乡河北沧州"会让听众感觉小娜是一个性格豪爽的人。

身份型标签——专题分享

专题分享时使用身份型标签（特指专业头衔），目的是充分体现演讲者的专业性。专题分享的开场部分能否引起听众的高度关注，演讲者的专业性是一个关键因素。

小施是一位人力资源领域的培训师，她的课程深受学员们的喜爱。很多业内老师上课效果不如她，但知名度却比她高很多，这一点让小施有些苦恼。后来，她发现了一个"秘密"，绝大多数名师都具备一个共同特征：出版了自己的畅销书。小施茅塞顿开，于是开始闭关写书。熬了大半年时间，她终于完成书稿顺利出版。由于书卖得很不错，小施从此拥有了一个亮眼的标签"畅销书作者"。每次做专题分享比如讲课时，小施总会这样开场："大家好，我叫小施，我是一名人力资源领域的畅销书作者。今天我要分享的主题是《如何制定有效 OKR》。"

该案例中，小施通过身份型标签"畅销书作者"迅速抓住了听众的注意力，让听众对她产生了信任感。如果你想做一场有吸引力的专题分享，就需要拥有属于自己的身份型标签。"一级心理咨询师""理财规划师"等专业头衔对于相关行业的人来说，都是相当不错的身份型标签。

身份型标签——主题演讲

主题演讲时使用身份型标签，目的是通过身份作为切入口深入展开演讲。该应用分 3 种情形：

（1）演讲者突出"姓名"作为标签式印象点，目的是借助姓名衍生某种观念。比如，北京师范大学的小宋同学在国际商学院演讲挑战赛总决赛上，发表了一场精彩演讲《打破刻板印象，做自己的主人》。她是这么开场的：

> 我想问下大家，在见到我之前，如果你们看到一个名字"宋梁磊"，会想象得到是我这个样子的人吗？在我人生的 30 多年中，已经习惯了人们在见到我之前以为我是个男生，也习惯了大家在惊讶于我的性别之后发出的第二个疑问：那你妈妈姓梁吗？

在整篇演讲中，小宋同学通过讲述自己姓名引发的两个"刻板误判"，自然地过渡到她亲身经历的三件难忘的事情。她希望向听众传递一个IDEA："不要被刻板印象所困，做更好的自己"。

（2）演讲者突出"职业"作为标签式印象点，目的是借助职业传递某种观点。比如，医生小尚发表了一篇题为《医学不是万能的》的演讲，下面是他的开场语：

> 我是一名医生。上医学院的第一天，老师就跟我说了一个颠覆我三观的理论。他说，医学是违背自然规律的学科，是反人类的存在。

小尚一开始就直接点明了自己的职业是医生。接下来，他站在医生的角度，通过讲述自己的亲身经历，传递出一种观点："尊重自己的生命，克制自己的欲望，才能让自己的生命更安全，更有质量"。

再看一个例子，热播电视剧《狂飙》主演张颂文在演讲《时间的力量》的开头部分，他是这么说的：

> 大家好，我是演员张颂文，我也是一名表演指导。今天我来得比较早，刚才我在后台的时候，有一群家长围着我聊天，他们说："张老师，我的孩子也想像你一样长大了以后当演员，现在可以开始培养了吗？"

该段演讲中，张颂文开场便亮明自己的职业是演员、表演指导，这意味着他将围绕演员这个职业展开演讲。在接下来的演讲中，张颂文讲述了三年中被剧组拒绝了800多次的糟糕经历，他想要借此传递的观点是："只要坚持不放弃，时间会让梦想实现"。

（3）演讲者突出"出生地点"作为标签式印象点，目的是借助出生地点呈现某种标签。比如，企业家老高在某峰会上发表了一篇题为《奋斗的人生》的演讲，开场时他是这么说的：

> 我出生在贵州松桃苗族自治县的一个贫穷山村，小时候因为村里没有通车，我经常凌晨4点起床，然后走3个多小时山路去镇里上学。

这段有关出生地点的描述呈现出企业家老高的身份型标签："来自偏远山区艰苦求学的穷孩子"。同时，该标签非常匹配他想要传递的演讲IDEA（想法）："不论什么出身，只要奋斗就可以改变人生"。

IDEA 演讲模型实战情景练习

假设你正在准备一场自我介绍，请根据此次演讲的 IDEA（想法），尝试写下"标签式印象点"：

_____

_____

03

结果式印象点，激发听众信任感

著名"华人第一神探"、被誉为"当代福尔摩斯"的李昌钰博士，其思维逻辑极其缜密。在一次重要演讲中，他是这么开场的：

> 我从事警侦57年了，今年已经81岁。我和我的团队协助过47个国家调查过8000多起案件。我花在现场的时间，比在家里陪小孩的时间多。白天、晚上、周末，就跟医生一样很少休息。过年的时候要值班，不能跟家人团聚。我到过74个国家做了一万多场演讲。我也写了很多书，很多报纸用我做头条新闻，很多杂志采访过我，我也参与了很多美国电视节目的录制，比如《微物证据》，这个节目非常受欢迎。我还因为参演电视节目获得了两个奖项，类似影视界的金像奖。不久前，美国评选出10位"世界最有名的刑侦鉴识专家"，我很高兴成为其中之一。

不难发现，李昌钰在演讲中列举了很多结果："协助过47个国家调查过8000多起案件""到过74个国家做了一万多场演讲""很多报纸用我做头条新闻""参与美国电视节目的录制并获奖""被美国评选为10位'世界最有名的刑侦鉴识专家'之一"。这些令人叹服的结果快速激活了现场听众的信息场，让听众产生强烈的聆听渴望。**这类通过呈现结果引发听众**

高度关注的印象点，在 IDEA 演讲模型中被称为"结果式印象点"。

　　华为创始人任正非先生在一次采访中提到："如果说我们不想'死'的话，我们就要向最优秀的人学习。即使人家反对我，我也要向他学习。不然我怎么能先进呢？"任正非口中所说的最优秀的人是指有结果的人。为什么"结果"具有这么强的吸引力，因为结果蕴含了一个人过往的辛苦付出，属于高能量信息点。在演讲中，如果你能将你的"结果"直接清晰地表达出来，将会释放强大的能量，从而迅速引发听众的高度关注。

　　我有一个学员叫小波，他是一个慢性病领域的创业者。为了传递慢性病科学治疗理念，他经常在各种场合做专题分享。在过往的分享中，小波喜欢直接进入技术部分，告诉现场听众如何科学对待慢性病。他每次分享都相当尽心尽责，但却经常发现现场有听众打起了哈欠，甚至有人中途离场。小波非常郁闷地找到我，在我的指导下，他在分享开始部分添加了一个结果式印象点："2021 年，我服务了将近 2000 个有慢性病成员的家庭，帮助这些家庭重拾了阔别已久的欢乐。"这个"结果式印象点"一说出来，小波感觉现场听众突然神情专注地看着自己。

　　东南大学的小玉同学报名参加了国际商学院演讲挑战赛，最终凭借出色的演讲获得全国亚军"银论奖"。下面是她总决赛时的演讲《放弃不等于失败》的开头部分，她说出了自己坚持跑步的结果，让现场的听众心生敬佩；同时，作为高能量印象点，在演讲一开始就瞬间引发了听众的高度关注。

> 　　大家好，我叫小玉（化名）。今天是我跑步的第 338 天，目前累计跑量 1420 公里，完成了 8 次半马，10 公里最好成绩 55 分 47 秒。

　　小许是一家公益法律组织的发起人。为了让更多需要法律援助的人了解自己的公益法律组织，有机会得到公益法律服务，小许经常去基层做一些演讲分享。下面是她演讲的开场部分：

> 大家好，我是某公益法律组织的发起人，我叫小许。在过去的近5年时间里，我和我的同事们帮助了1000多名农民工，成功要回了共计约6000万元的工资。

每次演讲时，当小许说出结果式印象点："帮助1000多名农民工要回6000万元的工资"，现场听众的眼里立刻闪现出了希望之光。分享结束后，找小许寻求帮助的农民工络绎不绝！

> 各位评委，大家好，我的项目是同程旅游网。我的目标是把同程旅游网做成中国乃至世界上最大的旅游超市。

央视《赢在中国》是我个人最喜爱的创业节目之一，上面是同程旅游网创始人吴志祥当年参加该节目时自我介绍的开场部分。其中，吴志祥建立了一个结果式印象点："把同程旅游网做成中国乃至世界上最大的旅游超市。"这个结果式印象点引起了现场评委的浓烈兴趣。

IDEA 知识点

结果式印象点主要分为：成就型结果、目标型结果。本节前面"当代福尔摩斯"李昌钰博士的演讲案例中，"协助过47个国家调查过8000多起案件""参与美国电视节目的录制并获奖"等属于成就型结果；同城旅游网吴志祥案例中的"把同程旅游网做成中国乃至世界上最大的旅游超市"属于目标型结果。"结果式印象点"常见于自我介绍、工作汇报、竞选竞聘、商务演讲、专题分享、主题演讲等演讲类型。

数字让结果更有能量

计算机网络世界丰富多彩，变幻莫测，但却是由简单的两个数字"0"和"1"构成的。实际上，数字是天然的高能量信息点。因此，演讲者在呈现结果时加入数字，会让结果更有能量，同时产生奇妙的"牵引力"。

我曾经在北京工作过两年多的时间，那段时间我几乎每周都会去一家饭店好几次。除了因为这家饭店的饭菜确实好吃，还有一个重要因素，每当我走进这家饭店大厅，就能看到墙上巨大的广告牌上印了一行醒目的文字：本店已售出超1000万根羊肉串。这句话让我对这家饭店的饭菜卫生特别放心，如果质量有问题，羊肉串不可能卖到1000多万串。

由此看出，这家饭店的老板特别有智慧，通过数字化结果呈现，轻松赢得了客户的信任感。

该案例中提到的"本店已售出1000多万根羊肉串"是通过数字呈现成就型结果。数字对目标型结果的呈现具备同样强烈的效果。我们熟知的"樊登读书"之所以获得今天的成功，它的目标型结果起到了巨大的推动作用："帮助3亿国人养成阅读习惯"。当你听到樊登说起这句话时，可能会不自觉地产生一种想加入的感觉。"3亿"这个惊人的数字具有极强的牵引力，功不可没。

演讲者通过呈现自己的成就形成结果式印象点，这类结果在IDEA演讲模型中被定义为"成就型结果"。"成就型结果"常见于自我介绍、工作汇报、竞选竞聘、商务演讲、专题分享、主题演讲。

"成就型结果"在演讲中的应用

成就型结果——自我介绍

自我介绍时使用成就型结果,目的是充分体现演讲者的实力,快速引发听众的高度关注。作为演讲者,你需要从过去的信息中梳理出自己的个人"成就",在听众的心智中建立结果式印象点。比如,在著名职场节目《令人心动的offer》中,小晔的自我介绍被认为是做得最好的,一开场就让面试官眼前一亮。他是这么说的:

> 我叫小晔(化名),目前是乔治城大学法学院的应届硕士毕业生,然后在本科期间我通过了英语专业八级,也在去年通过了我国的法律职业资格考试;而在社会实践方面,我曾在三家律所和一家法院实习,在到了美国之后,我也参与了一个有关国际难民庇护救助的法律援助计划。

小晔通过这段演讲呈现了多个成就型结果:"通过英语专业八级""通过了法律职业资格考试""有过三份律所和一份法院的实习""参与了国际难民法律援助计划"。这些成就型结果迅速激活了面试官的信息场,触发了他们的强烈兴趣。

成就型结果——工作汇报

工作汇报时使用成就型结果,目的是让听众对工作汇报内容产生信任感。当听众对汇报内容产生信任感,将会仔细认真地聆听细节以及接受你提供的建议。

> 小露是一家广告公司的设计师,工作非常仔细认真,但她的

老板特别苛刻。每次小露工作汇报后，老板总是觉得小露做得不够好。小露通常是这么说的："老板，经过仔细的思考，我向您汇报下这次的设计方案……"

如果小露的工作汇报开场换一种方式，使用成就型结果，效果将会截然不同："老板，我仔细查看了基本上所有的50多份类似方案，也找了市场部的几名老同事咨询了下他们的想法，最后做出了本次设计方案，我想向您具体汇报一下。"再举个例子，某知名留学中介公司的市场主管小鹏在一次工作汇报中，开场部分也使用了成就型结果：

我本次在某市进行了长达38天的市场调研，在这段调研时间里，我拜访了51家大中型语言培训机构，分别和他们的主管及主管以上级别的领导进行了面聊，同时调研了11家留学机构。

该段演讲内容中，"长达38天的市场调研""拜访了51家大中型语言培训机构""调研了11家留学机构"都属于成就型结果。这些结果立刻让上级对小鹏接下来的工作汇报产生了信任感。

成就型结果——竞选竞聘

竞选竞聘时使用成就型结果，目的是在演讲一开始建立听众的基础信任感。因此，成就型结果是竞选竞聘演讲的一个必选项。但请注意，演讲者在选择成就型结果时，需要考虑结果与竞选竞聘岗位的匹配性。比如，小吉在竞选某商学院MBA联合会主席时，演讲原稿是这么开场的：

大家好，我叫小吉，我今天竞聘的职位是MBA联合会主席。我是一家文化传媒公司的创始人，2018年获得了某市颁发的"十大创业先锋荣誉奖"。

的确,"十大创业先锋荣誉奖"是相当不错的成就型结果,但与小吉竞聘的 MBA 联合会主席岗位匹配度不高。小吉是我在这个商学院管理沟通课程上的学生,在我的建议下,他做了如下修改:

大家好,我叫小吉,我今天竞聘的职位是 MBA 联合会主席。我是一家文化传媒公司的创始人,管理着 200 人左右的团队,2020 年我参加了某创业大赛,获得了全国银奖。

小吉修改后的成就型结果"管理着 200 人左右的团队""参加某创业大赛获得全国银奖",充分说明了小吉的管理能力和赛事经验。这对 MBA 联合会主席岗位来说是非常关键的。

成就型结果——商务演讲

商务演讲时使用成就型结果,目的是让听众对演讲者的项目或产品产生信任感,为听众投资、加盟或者购买做好铺垫。某牛奶超级工厂联合创始人小志在一档知名创业节目上发表了一场商务演讲,开场部分是这么说的:

大家好,我是某牛奶超级工厂联合创始人小志(化名),我们是一个专注乳制品销售的新零售企业。到现在为止,我们拥有 300 多家门店,公司覆盖了 155 个市场,同时也跟国内的众多知名乳制品企业签订了战略合作协议。

这段开场包含了 3 个成就型结果:"拥有 300 多家门店""覆盖了 155 个市场""跟国内的众多知名乳制品企业签订了战略合作协议",充分、有力地展现了该企业的规模和渠道实力。演讲结束后,现场所有资本方代表都对小志的项目产生了强烈的兴趣。

成就型结果——专题分享

专题分享时使用成就型结果，目的是展现演讲者专业经验的丰富性，无论你是行业培训师或是大学教授，这一点都是至关重要的。某金融公司理财规划师小浩在一次专题分享时，他是这么开场的：

> 大家好，我叫小浩，我是一名理财规划师，来自某金融公司。在过去的5年里，我帮助1000多名客户实现资产大幅度增值。

在该段演讲开场中，理财规划师小浩尽管只说了一个成就型结果"帮助1000多名客户实现资产大幅度增值"，但已经充分说明了小浩在理财领域成绩斐然，让现场听众产生了强烈的信任感。

再看一个例子。老何是一位资深播音主持老师，他的课程超级受学生们的欢迎。老何在一次线上讲座时，他是这么开场的：

> 大家好，我叫老何。在这次分享之前呢，我专门问了几个我在央视以及一些地方卫视当主持人的学生，想听听他们对这个分享主题的看法。

老何通过这段简短开场，极为巧妙地传递出一个结果式印象点："我有很多学生在央视和地方卫视担任主持人"。该结果式印象点会让听众感觉老何是一位特别厉害的播音主持老师。如果恰巧你也是一位老师，这种开场方式非常值得借鉴。

成就型结果——主题演讲

主题演讲时使用成就型结果，目的是让听众感受到心灵的震撼，演讲者可以借此迅速获取听众的注意力。由于主题演讲时间通常较长，如果开场时听众没有产生足够的关注，就很容易失去兴趣或耐心，这对演讲者来说是一个巨大的损失。本节前面提到的在东南大学小玉的演讲案例中，小玉通过讲述她在跑步方面的成就型结果，牢牢地抓住了现场听众的注意力。再看一个例子：

> 我是一个热爱生活、爱冒险的疯子，去过世界上很多的地方，就是想看看世界到底有多大。这些年去过索马里、核辐射阴霾笼罩的切尔诺贝利、马鲁姆火山，还有世界寒极奥伊米亚康。

这是上一节案例中张昕宇的演讲《至少我还活着》的开场部分，除了标签式印象点"热爱生活、爱冒险的疯子"，张昕宇重点呈现了一个结果式印象点（成就型）："这些年去过索马里、核辐射阴霾笼罩的切尔诺贝利、马鲁姆火山，还有世界寒极奥伊米亚康"。该结果让现场观众瞪大了眼睛，十分期待听到他接下来的演讲。

> 大家好，我是小林（化名），我曾经获得"世界四大极地超级马拉松巡回赛总冠军"，我的双脚曾经跑过北极、跑过南极，甚至于跑过全世界最大型的温带、寒带跟热带型的沙漠，当然也闯过亚马孙丛林。曾经我在50摄氏度的高温里跑了111天，徒步7500公里，穿越了撒哈拉沙漠，缔造了人类新的纪录。在那次的过程中，我穿坏了11双鞋，还有更可怕的是，我只洗了四次澡，然后呢，我在最后的36个小时没有合过眼睛，疯狂地跑向终点，只因为我想要回家。

这是一篇励志演讲《没有试过，你永远不知道》的开场部分，里面包含了一连串的成就型结果："曾经获得'世界四大极地超级马拉松巡回赛总冠军'""曾经跑过北极……当然也闯过亚马孙丛林""曾经我在50摄氏度的高温里跑了 111 天，徒步 7500 公里，穿越了撒哈拉沙漠，缔造了人类新的纪录"等。当小林说到"缔造了人类新的纪录"时，现场听众爆发出一阵尖叫声和掌声，大家的信息场被深层激活。

演讲者通过呈现自己的目标形成结果式印象点，这类结果在 IDEA 演讲模型中被定义为"目标型结果"。"目标型结果"常见于自我介绍、商务演讲。

"目标型结果"在演讲中的应用

目标型结果——自我介绍

自我介绍时使用目标型结果，目的是让听众被演讲者的愿景所吸引，产生高度关注。比如，在本节同程旅游网创始人吴志祥的演讲案例中，吴志祥描述了一个诱人的目标型结果："把同程旅游网做成中国乃至世界上最大的旅游超市。"再看一个例子：

> 小魏报考了国内一所顶级商学院，这所商学院的面试非常严苛，淘汰率极高。小魏在面对主考官自我介绍时，神态自若地说："各位老师好，我叫小魏（化名），毕业于中山大学，目前是某网络科技有限公司总经理，我的目标是未来 3 年公司营收达到 5 亿元，成为一家准上市公司。"

小魏是我的面试训练营中的一名学员，他在这段自我介绍中呈现了一个结果式印象点（目标型）："未来 3 年公司营收达到 5 亿元，成为一家准上市公司。"该结果让面试官眼前一亮，顿时对小魏产生了浓厚的兴趣。

目标型结果——商务演讲

商务演讲时使用目标型结果，目的是让听众对演讲者的项目或产品的

前景产生期待感,这将对吸引投资或加盟起到助推作用。比如,手机维修平台某修侠创始人小源,在一次项目路演时这么说:

> 未来两年,我们要拿下中国20%以上的市场份额,把某修侠打造成中国最专业、最大的售后服务商。

仅通过简短的一句话,演讲者小源说出了两个目标型结果:"拿下中国20%以上的市场份额""打造成中国最专业、最大的售后服务商",这两个结果除了能够展现出他的平台的潜在实力,还让投资方看到了小源的远大抱负。路演结束后,小源成功拿到了58同城创始人姚劲波的500万战略投资。

IDEA 演讲模型实战情景练习

假设你正在准备一场竞选竞聘,请根据此次演讲的IDEA(想法),尝试写下"结果式印象点":

_____

_____

04 辅助式印象点，现场听众一秒入戏

东南大学小玉同学最近参加了第三届国际商学院演讲挑战赛南京赛区的比赛。比赛中，她讲述的是自己挑战极限穿越沙漠的故事。当时我就在现场，只见小玉穿着一身西服，很有范儿。小玉非常生动地描述了穿越沙漠过程中发生的勇敢经历，但我总感觉不能完全走进她的故事。赛后，我向小玉分享了我的感受，同时我也告诉了她原因：你的西服造型和你的沙漠故事不匹配，也就是说，演讲一开始建立的印象很难让听众产生带入感。在我的建议下，她在参加大赛总决赛时，换了一身沙漠徒步服。上场的一瞬间，不仅现场的听众很快进入了她的故事，而且她自己的演讲状态也比之前要更加自信！最终小玉以高分成绩闯进了大赛总决赛第二轮巅峰赛。

该案例中，东南大学小玉身穿沙漠徒步服，在听众的心智中构建了一个清晰的印象点："沙漠穿越者"。这类通过辅助手段引发听众高度关注的印象点，在 IDEA 演讲模型中被称为"辅助式印象点"。

曾经有一位建筑设计师发表了一篇很有意思的演讲《站在自己的空间》，他的出场方式让现场观众感到十分惊讶和好奇。只见他带了一张圆

形的席子，不紧不慢地铺在了演讲台上，然后站在上面开始演讲。这样的道具设计，不仅瞬间建立了他的辅助式印象点："一个自己铺席子演讲的设计师"，还呼应了他的演讲主题《站在自己的空间》。

1938年，著名教育家陶行知先生受邀在武汉大学发表了一场著名演讲，这场演讲在当时引起了不小的轰动。陶行知先生采用了别具一格的开场方式，让现场听众目瞪口呆：

> 陶行知先生稳步走上了演讲台，先微笑着向全场的师生和各界人士点头示意。在场的每个人都竖起了耳朵，生怕漏听了一个字。但令大家大吃一惊的是，陶先生并未开口说话。只见他从随身带的包里拎出来一只大公鸡，然后从口袋里掏出一把米撒在了讲台上。陶先生摁住鸡头逼它吃米，公鸡扑腾着翅膀拧头不吃，紧接着他掰开公鸡的嘴往里面塞米，公鸡甩头还是不吃。陶先生松开了手，站在一旁静静观察公鸡。公鸡先是昂了下脖子，抖了抖羽毛，然后开始低头吃米。

在该案例中，陶行知先生的演讲内容固然精彩，但几十年之后，很多人对这篇演讲印象深刻的主要原因是他使用的道具"一只公鸡"。这只公鸡帮助陶先生建立了一个辅助式印象点："一位带公鸡讲课的教育家"。

国内某家教育集团有一位著名少儿英语老师，深受小朋友和家长们的欢迎。每次上课时，他都背着一个小书包，然后蹦蹦跳跳地走进教室，而且讲课的时候也一直背着。你肯定想象不到，这位老师已经有50多岁了。由于背着小书包的样子很像一个可爱的小孩，他还得到了一个昵称"小宝"。"背着小书包教课的中年男老师"是"小书包"这个道具传递出的辅助式印象点。该辅助式印象点已经成为他的鲜明特色，也让更多人认识并且喜欢上了这位可爱的少儿英语老师。

IDEA 知识点

辅助式印象点主要分为：服饰型辅助和道具型辅助。本节前面的演讲案例中，东南大学小玉同学的"沙漠徒步服"属于服饰型辅助；建筑设计师的"圆形的席子"、陶行知先生的"公鸡"、少儿英语老师的"小书包"都属于道具型辅助。"辅助式印象点"常见于商务演讲、专题分享和主题演讲等演讲类型。

演讲者通过使用服饰形成辅助式印象点，这类辅助手段在 IDEA 演讲模型中被定义为"服饰型辅助"。"服饰型辅助"常见于商务演讲、专题分享、主题演讲。

"服饰型辅助"在演讲中的应用

服饰型辅助——商务演讲

商务演讲时使用服饰型辅助，目的是突显演讲者的项目特色，从而迅速抓住听众的注意力。比如，在一档著名创业融资节目中，某冷门海岛高端旅行项目创始人小姜出场时，身穿沙滩服、身挂墨镜、脚踩拖鞋，满脸休闲地走进了路演大厅，面对投资方进行了一场商务演讲。"沙滩服""墨镜""拖鞋"属于服饰型辅助，生动地呈现了小姜海岛旅行项目的特色。

服饰型辅助——专题分享

小徐是一名大学青年教授，主要教市场营销学。他曾经遇到过这样一个困惑：由于自己性格非常内向，上课氛围总是有些沉闷，不知道怎么办才好。在我的建议下，他定做了几套印有经典广告海报的 T 恤衫。当小徐穿着印有海报的 T 恤衫走进教室的时候,全场学生发出"哇哦"的惊叹声。上课氛围顿时变得活跃起来,大家听课也比以前认真了很多。

专题分享时使用服饰型辅助,目的是增加演讲者的专业色彩,从而调动听众的积极性。小徐使用的海报 T 恤衫属于典型的服饰型辅助,迅速获取了现场同学们的注意力。

服饰型辅助——主题演讲

主题演讲时使用服饰型辅助,目的是突显演讲者在演讲中的角色,让听众瞬间产生代入感。比如,在本节前面东南大学小玉的演讲案例中,小玉同学身穿沙漠徒步服登上演讲台,听众一眼就看出她的演讲角色"沙漠穿越者"。

演讲者通过使用道具形成辅助式印象点,这类辅助在 IDEA 演讲模型中被定义为"道具型辅助"。"道具型辅助"常见于商务演讲、专题分享、主题演讲。

"道具型辅助"在演讲中的应用

道具型辅助——商务演讲

商务演讲时使用道具型辅助,目的是突显演讲者的产品特色。比如,某盒子美术馆创始人小郭在参加一次商业路演时,身上背了一个特别有设计感的盒子,盒子里放了一幅原创画作。这个盒子属于道具型辅助,非常直观地呈现了演讲者产品的核心特色。

道具型辅助——专题分享

专题分享时使用道具型辅助,目的是创造生动活泼的分享氛围,从而吸引听众的高度关注。比如,在本节前面少儿英语老师小宝的演讲案例中，小宝老师上课时背的"小书包"属于典型的道具型辅助。

道具型辅助——主题演讲

主题演讲时使用道具型辅助，目的是衬托演讲者的演讲主题。比如，本节前面建筑设计师的演讲案例中，《站在自己的空间》演讲者使用的"圆形的席子"起到了道具型辅助作用。

IDEA 演讲模型实战情景练习

假设你正在准备一场主题演讲，请根据此次演讲的 IDEA（想法），尝试写下"辅助式印象点"：

_____

_____

05

演讲 PPT 设计——印象点

　　小林（化名）是一名心怀梦想的钢琴老师，他希望自己不只是教钢琴，更是一位音乐传播者。他去过全国几十座城市，坚持不懈地用一场场演讲去传递"音乐的意义"。2022 年小林报名参加了国际商学院演讲挑战赛。我在总决赛现场听他的演讲时，发现了一个"重大问题"。在演讲开场部分，小林介绍自己来自上海某所知名高校商学院，是一个 90 后，出生在音乐世家，师从两位音乐大师。与此同时，他播放一了张 PPT，上面堆砌了演讲开场提到的个人信息，既有图片又有文字。我的目光几乎完全停留在了这张 PPT 上，我感觉他似乎不是在演讲，而是在介绍自己的 PPT。

小林的这种展示 PPT 的作法非常多见，我碰到过很多演讲者喜欢在 PPT 上放一堆内容。这样不仅喧宾夺主，而且使得整个演讲听起来像一场汇报。对于一场精彩的演讲，使用漂亮的 PPT 可以让演讲得到更出色的呈现。但有个重要前提你必须要知道：演讲的核心是演讲者，PPT 是服务演讲者的工具。

关于如何制作一张优秀的演讲 PPT，几乎所有演讲者都面临着一个头疼的问题："演讲内容这么多，我应该在 PPT 上放什么？"从传统设计角度来看，这个问题似乎没有标准答案；但，如果从 IDEA 演讲模型的"信息体"角度出发，这个问题就会变得很简单。演讲 PPT 的本质作用是：增强演讲者在演讲过程中释放的重要信息点的能量。所以，根据 IDEA 演讲模型，演讲 PPT 必须突出呈现 4 类关键信息点："印象点""欲望点""链接点""融合点"。

为了便于大家透彻理解基于 IDEA 演讲模型的 PPT 设计，本书关于演讲 PPT 设计的理论应用主要以"主题演讲"为例，其他演讲类型请参照使用。

对于主题演讲"印象"部分，演讲者通常只需要突显一个印象点。在我的建议下，小林痛下决心，大刀阔斧地精简了开场部分的 PPT，上面只放了两位音乐大师的照片。很明显，"师从两位音乐大师"是小林想强调的高能量印象点。

> 我叫小杰（化名），现在是新京报首席记者，是安徽人。我在部队当了 5 年兵，我当年在部队的时候是兵王。所谓兵王就是各项技能是最出色的，千里挑一的。

这是一位著名记者小杰的演讲开场部分，呈现了他的两个标签式印象点："新京报首席记者""兵王"。小杰选择在开场 PPT 上放了一组他在部队里获得各种荣誉的照片，瞬间激活了现场听众的信息场。不难看出，他的选择是突显第 2 个印象点"兵王"。

> 大家好，我叫钱多多，在过去的 10 多年时间里，我只做了一件事：研究演讲沟通底层逻辑。我在全国各地 50 多所知名商学院做过讲座分享，希望能够帮助更多（E）MBA 人通过演讲绽放魅力，连接彼此。

这段演讲是我在高校讲座时的开场部分，内容传递出两个结果式印象点："10 年专注研究演讲沟通底层逻辑""在全国各地 50 多所知名商学院做过讲座分享"。我选择了突显第 2 个印象点，于是我的讲座开场 PPT 上呈现了一组照片，这些照片记录了我过去分享的精彩画面。每当这张 PPT 播放出来时，现场听众的眼里立刻充满了期待。

 IDEA 小结

（1）演讲 PPT 的呈现形式只有两类：图类（图片或图表）、字类（文字或数字）；呈现方式有 3 种：纯图型、纯字型和图字型。上述演讲案例均采用的是"纯图形（图片）"PPT，本书后续 PPT 相关章节将会涉及"纯字型"PPT 和"图字型"PPT。

（2）主题演讲"印象"部分的 PPT 设计主要取决于突显哪一种印象点：标签式印象点通常采用"纯图型（图片）"PPT，例如知名记者小杰的演讲案例；结果式印象点通常采用"纯图型（图片）"PPT，例如我本人的商学院讲座演讲案例；辅助式印象点无须使用 PPT。

第三章

唤醒听众的"欲望"
——激活听众渴望

在演讲开始阶段，听众的信息场处于相对"游离"状态：各种杂念不断涌入，比如晚上去哪里吃饭，明天客户如何应对……这些杂念会不断干扰听众聆听你的演讲。作为演讲者，你必须让听众的信息场对你的演讲内容保持高度聚焦。如何做到呢？最有效的方式是唤醒听众的欲望，让听众突然产生想听下去的冲动。例如，你正在做一场有关健身的演讲，先告诉听众一组数据：全球每年有280万人因为肥胖所引起的疾病失去了生命！听众的信息场将瞬间对你接下来的演讲内容产生强烈渴望，形成"渴望态"。听众只有在"渴望态"的状态下，才能完全投入到你的演讲中去。

01

抓住欲望,让听众产生好奇心

有一个有趣的测试,在教室里,老师对同学们说:请用你们的两根食指拼出一个"人"字给我看。不一会儿,老师一看,全班绝大部分人拼出来的是一个"入"字,因为我们总是习惯性地站在自己的角度看问题。

大多数演讲者不能站在听众的角度,习惯从头到尾讲自己觉得"精彩"的内容,有时候讲得忘乎所以,但却失望地发现听众没有给予自己预期的反馈。经济学家亚当·斯密曾经在其著作《国富论》里提到:"人天生,并且永远,是自私的动物。"这个观点本身我们不做深究,但至少有一点可以确定:演讲时,听众是绝对"自私的",他们一开始不在乎你讲什么,只在乎自己为什么要听。所以,作为演讲者,你需要激活听众听下去的欲望。

演讲展开第二步,唤醒IDEA(想法)相关的欲望

一个成功的演讲者,一定善于让听众产生"渴望听下去"的欲望。政

界和商界知名人士比如英国前首相丘吉尔、苹果创始人乔布斯等无一例外都是这方面的高手！

在第二章第1节自由职业者若兮演讲案例中，若兮想要将 IDEA（想法）"愿意和我一起旅行"植入听众的心智。首先，她成功地在听众心智中建立起了自己的高能量印象点，让听众的信息体呈现"激活态"：

大家好，我叫若兮，来自四川成都。我是一名旅行达人，去过全世界36个国家，包括叙利亚、南非和挪威。

接下来，她需要让听众产生强烈听下去的渴望。在我的建议下，她是这么说的：

如果有机会我们一起去旅行，我会让你感受到前所未有的旅行体验。

这句话唤醒了听众的欲望点："可以感受到前所未有的旅行体验"。当若兮讲完这句话时，她明显感觉到现场很多听众眼里突然放光，这说明听众的信息场出现了"渴望态"。有了渴望态，后面不管若兮说什么，听众都会愿意仔细去听。

几年前央视有个特别火的创业节目叫《赢在中国》，同城旅游网创始人吴志祥是当时最受关注的选手之一。在节目淘汰赛中，吴志祥为自己的产品"同城旅游网"做了一场精彩的自我介绍。他是这么唤醒听众欲望的：

让所有的旅游者和旅游供应商，能够直接地在这个平台上，进行交流和交易，来减少双方的交易成本。

吴志祥很智慧，尽管他的项目非常好，但他并没有急着去介绍自己的产品，而是先告诉听众可以得到什么，充分激活了听众往下听的渴望。上面这句话中的欲望点十分清晰："减少双方的交易成本"。

我经常给创业者做演讲辅导，其中有不少人是做技术出身。项目路演时，他们总是喜欢一直不停地说自己的产品有多厉害，拿了多少奖。但是，听众并不关心这些，他们对一些专业性的东西不了解也听不懂。如果听众一开始不知道自己可以得到什么，不能产生欲望，整场演讲注定是失败的。比如，在我的演讲沟通训练营（北京站），某款家庭空气净化器发明人小斌展示了他以前是如何介绍产品的：

> 这款家庭空气净化器的核心部件采用了某种高科技材料，该技术目前在市面上是独一无二的。它的运作机理是……

如果你在现场听到这样的产品介绍，很可能会处于发懵的状态，对演讲的后续内容失去兴趣。在我的建议下，小斌对技术部分进行了删减，最重要的是他在产品介绍前面加了一句话："我们的空气净化器能够让你每天都住在森林公园里。"有了这句话，听众才会感觉与自己有关。在古老的印第安部落，老猎人在教导年轻人如何打猎时，时常会说："一把优秀的弓箭，不在于它的设计如何精巧，而在于它能打到什么样的猎物。"

我曾经给上海的一家知名金融公司做培训，该公司的员工基本上都是名校毕业，专业素养很高。为了转化客户，提升业绩，我建议公司的理财规划师给目标客户做理财专题分享。在培训课上，学员小浩现场示范了他将如何向客户分享理财知识：

> 大家好，我是来自某金融公司的理财规划师小浩，今天我将向大家分享"如何科学守护你的个人财富"。我发现生活中有很多人不知道如何理财，甚至连什么是理财都知之甚少。因此，我

首先要分享的是什么是科学理财。

当小浩准备慷慨激昂地继续往下讲时，我忍不住打断了他，因为这种开场方式大错特错。面对一群普通听众，如果你想硬生生地把自己的专业知识塞进他们的脑袋里，无论你的内容有多精彩，听众都很可能表现冷淡。听众认真聆听专业知识的前提是：对你的分享产生了解的渴望。我常常跟学员们分享一句话："欲望不到位，说啥都白费！"

我询问了小浩做这次专题分享的IDEA（想法）是什么？他回答："科学守护个人财富的方法。"我建议小浩在演讲开场阶段，快速唤醒大家对理财的欲望。在我的指导下，他修改成了下面的样子，其中包括对"印象"部分的调整。

IDEA（印象）：大家好，我叫小浩，我是一名理财规划师，来自某金融公司；在过去的5年里，我帮助1000多名客户实现资产大幅度增值。

IDEA（欲望）：2年前，我遇到过一个客户，受传统思维的影响，她喜欢把钱存在银行里。虽然每年会有利息，但由于通货膨胀，实际上她的钱已经缩水了好几万。后来我帮她做了理财规划，进行资产合理配置，现在她的资产不仅没有减值，而且几乎翻了一倍！

听到这，我不仅想继续往下听，甚至有点想找他理财的冲动。他成功地抓住了我的"欲望点"：我也想让资产不仅不会减值，而且还能翻一倍！

在西安交通大学读研时，我创立了一个演讲社团，起名叫"华岳演讲社"。创立初期，由于活动开展艰难，运营团队人员不断流失导致社团发展举步维艰。为了让社团能够正常进行下去，我召集运营团队小伙伴们开会并做了一场演讲，其中"欲望"部分是这样的：

每一个社团在创立初期都会面临很多困难，因为社团成长需要一个过程。去年我参加上海某大学演讲俱乐部活动时，当时的俱乐部主席告诉我，他们的第一任主席经历了特别痛苦的阶段。俱乐部创立初期的几期活动，每期只有不到10个人参与。团队小伙伴们都很失落，半年过去了，俱乐部运营团队只剩下主席和宣传部负责人2个人。但是他们没有放弃，努力通过高质量活动不断扩大影响力，同时吸引人才加入团队。现在这家演讲俱乐部已经是某大学规模最大的社团，每年在俱乐部运营团队纳新时，都有很多同学挤破了头想进来！

听完这段话，华岳社团成员纷纷点头，对社团的未来又重新燃起了信心。为什么会出现这样的效果呢？因为我激活了大家干下去的"欲望点"：某演讲俱乐部初创时的情况比我们还糟糕，但他们坚持努力最终成就社团辉煌。所以，只要团结一心，我们也一定可以将华岳社做到有同样的影响力！

当今这个时代，各行各业竞争特别激烈。不仅普通人内卷，很多企业家也都开始卷起来，他们不断通过演讲传播自己的思想或理念。这对企业的影响力提升有极大的促进作用。比如，本不擅长演讲的企业家董明珠，不仅将自己修炼成了一个演讲高手，而且非常懂得抓住听众的欲望：

如何实现更好的明年？我觉得要把两个字拿掉——躺平。躺平实际上在这个时代，是和我们这个时代不相符的。我们要改变它，那我们需要什么？我们如何让更好的明年能够实现？

董明珠在主题演讲《更好的明年》中，用连续发问的方式进行了开场。现场听众们的聆听欲望瞬间被唤醒，大家都特别期待听到董明珠对

"如何实现更好的明年"的深刻观点。

作为一名演讲者,你能否在较短的时间内唤醒听众的聆听欲望,在很大程度上决定了你的演讲成败。唤醒听众欲望的方法主要有3种:

提问型唤醒法:通过提出"尖锐"问题唤醒听众的聆听欲望

当你第一次需要当众演讲,你紧张或者害怕吗?请举手!

著名节目主持人、阳光文化基金会主席杨澜曾经发表演讲——《世界上最恐惧的事》。演讲开场时,她用上面的互动式提问,一下子就牢牢抓住了听众的心。需要特别注意的是,演讲者采用"提问型唤醒法",语言表达一定要简洁有气势,不能拖泥带水,否则唤醒效果会大打折扣。

数据型唤醒法:通过展现"惊人"数据唤醒听众的聆听欲望

全球每年有280万人,因为肥胖所引起的疾病失去了生命!

这是一篇主题演讲《健身改变人生》的"欲望"部分,演讲者 Will 采用了"数据型唤醒法"。他通过一组令人感到震惊的数据,激发听众想要听下去的渴望。

故事型唤醒法:通过讲述"特殊"经历唤醒听众的聆听欲望

我得了抑郁症,我尝试了两次自杀,高中换了5所学校,念了九年,到最后没有毕业。后来我爱上了一个女孩,我疯狂地追求她半年后,她对我说:你知道你十年后一无所有吗?我没有办法跟你在一起,说完她转身不回头地走了。

某励志演说家在演讲开场部分,诉说了上面的这段特殊经历。这位演说家通过讲述自己刻骨铭心的遭遇,让听众对他产生强烈的好奇心。大家特别想知道:"他后来会怎样",听众内心的欲望点一旦被激活,将快速形成继续往下聆听的渴望。

 IDEA 知识点

"欲望点"是激活听众渴望的关键。当你计划将自己的 IDEA(想法)植入听众心智时,必须根据 IDEA 精心设计好"欲望点"。在 IDEA 演讲模型中,"欲望点"分为 3 种类型:情感式欲望点、认知式欲望点和价值式印象点。

02

情感式欲望点，撩动听众的心

  我未曾大学毕业。说实话，今天也许是在我的生命中离大学毕业最近的一天了。

  2005年，苹果创始人史蒂夫·乔布斯在斯坦福大学毕业典礼上，发表了他一生中最著名的演讲 *Stay Hungry, Stay Foolish*（《求知若饥，虚心若愚》），上面是这篇演讲开场部分的两句话。在他17岁那一年，乔布斯进入了里德大学学习；但仅仅6个月之后，他选择了退学。乔布斯在演讲的主体部分讲述了三段经历，第一段经历是关于生命中发生的点点滴滴是如何串联起来的，其中从里德大学退学是该段经历的核心部分。乔布斯选择这样的开头方式，引发了听众的好奇心，从而进一步产生欲望点："乔布斯大学时期到底经历了什么？"随后，听众充满渴望地走进他的第一段经历，逻辑上自然顺畅。**这类通过唤醒好奇心、同理心的方式促使听众产生的欲望点，在IDEA演讲模型中被定义为"情感式欲望点"。**

  我们往往对某件事物产生了好奇，才会愿意主动去深入了解。作为情感式欲望点，好奇心可以让听众长时间对你演讲的内容保持关注。所以，如果你想让你的听众不知疲倦、津津有味地听你的演讲，那么赶紧在演讲的开场阶段，快速激发听众的好奇心。

第三章 唤醒听众的"欲望"——激活听众渴望

> 从郑州舰走到这个讲台,只需要几十米;但是,我从一个偏远山区,不知天高地厚的少年,走到今天,用了23年!

这是人民海军首位女舰长韦慧晓的一次著名演讲的开场部分。这样的开场非常巧妙,一下子就激起了听众对她过往人生经历的好奇心,同时产生情感式欲望点:"韦慧晓过去到底经历了什么?"韦慧晓被称为中国最励志的女性之一,其人生经历可谓是无比精彩,让人眼界大开。她是一位美女博士,获奖无数,曾经放弃百万年薪,34岁高龄参军入伍,现在已经成为我国首位女舰长。

在2015年度某档著名演说节目中,有一位叫崔万志的演讲者,他的演讲感动了全场的观众。崔万志出生时落下残疾,求学与求职道路上遇到过千难万阻。但他从不认命,决心依靠自己的力量改变人生。崔万志现在已经成为一名优秀的企业家,同时还是浙江大学客座讲师。为了激励广大年轻人成为更好的自己,他发表了题为《不要抱怨,靠自己》的精彩演讲。演讲一开始,崔万志是这么说的:

> 我出生在肥东县的一个农户家庭,出生的时候脚先落地,头被卡在里面,一连几个小时都下不来。我出生的时候没有呼吸,然后赤脚医生就逮着我的腿,头朝下使劲地抖抖抖,一直抖了十个小时,我才有了第一声哭声,就这样我活了下来。我九岁的时候上小学,我记得从我家到小学之间有一条沟,别人很容易就跨过去,我就跨不过去。我也不愿意我的父母天天背着我送我上学,我试着蹲下去趴在地上,然后爬下去后再爬上来,就这样我跨过去了。也许上天从我小时候就告诉我人生没有过不去的坎。

这个开场瞬间激活了现场观众们的好奇心,催生了情感式欲望点:"崔万志的未来生活会是什么样子的?"在这种好奇心驱使之下,听众会认真聆听崔万志接下来的演讲内容。崔万志在演讲主体部分讲述了他在求学、求职以及创业这3个阶段面临的各种艰辛。如果没有欲望部分的铺垫，崔万志上来就说自己的心酸人生经历，会给人一种诉苦的错觉。

著名演员小陈曾经在某档知名节目中发表了演讲《因为热爱，所以闪光》，引发了听众的强烈共鸣。她自幼学习舞蹈，从考上北京舞蹈学院附中到最后顺利入职中国东方歌舞团，可谓是一路顺风顺水。作为一名职业舞蹈演员，小陈在舞蹈事业上已经开始展露光芒，但她却选择了重新开始，决定去中央戏剧学院学习表演。在这篇演讲的开场部分，她成功地唤醒了听众的好奇心：

> 可是，刚工作那两天，其实内心经常小小地不开心，面对那些美丽的充满了模仿性的舞蹈，我常常问自己，这是我要的舞蹈吗？它无关我的情绪，无关我的个人表达，它更多地像是一个完成。这个困惑，在我心中停留了很长的时间。

现场听众听完这段演讲，内心产生的好奇心引发了情感式欲望点："小陈的困惑后来是怎么被消除的？"带着这份好奇心，听众很快走进了她后面讲述的精彩人生经历。

著名央视主持人李咏深爱自己的女儿，为此，他专门发表过一篇演讲《致我的情敌》。李咏在演讲的开场部分，吊足了听众的聆听欲望：

> 但是每个人心中都有一个不想让别人知道的小角落。比如说我的内心当中也有一个痛，你们可以把这种痛理解为不幸，我今天就把我的不幸说给你们听，好让你们幸福幸福啊。是谁给我带来的这个痛？你们猜？情敌！

如果你当时就在现场，我敢保证，你的脑子里一定会闪现出强烈的欲望点："这个情敌是谁？"你将迫不及待地想听下去，一直到演讲结束的那一刻。这个欲望点的形成极大地提升了演讲的整体效果。

除了"好奇心"以外，优秀的演讲者还要善于唤醒听众的"同理心"。如果你能够在演讲开场阶段快速走进听众的内心世界，你的演讲就已经成功一半了。关于同理心，有一个著名的典故《出裘发粟》，故事是这样的：

> 景公在位时，雪下了整整三天未见转晴。景公披着用狐狸腋下白毛皮做的皮衣，坐在大堂一边的台阶上。晏子进宫拜见，站了一会儿，景公说："奇怪啊！下了三天雪可是天气并不冷。"晏子回答说："天气（果真）不寒冷吗？"景公笑了。晏子说："我听说古代贤明的君王，自己吃饱了却知道别人的饥饿，自己穿暖了却知道别人的寒冷，自己安逸了却知道别人的劳苦。现在您（居然）不知道了。"景公说："好！我愿意受您的教诲了。"于是便命令人发放皮衣和粮食给饥饿寒冷的人，并命令如果在路上见到难民，不必问他们是哪乡的；在里巷见到的，不必问他们是哪家的；巡视全国统计数字，不必记他们的姓名。士人已任职的发两个月的粮食，病困的人发两年的粮食。孔子听到后说："晏子能阐明他的愿望，景公能实行他认识到的德政。"

很多人看到这个故事，会觉得齐景公是一个仁义之君，对老百姓有同理心，这一点毫无疑问。但，作为演讲学习者，你更应该关注的是晏子唤醒"同理心"的能力。他能够站在齐景公的角度，知道齐景公想当一名贤明的君王，所以他故意先提到古代贤明君王会怎么做，然后齐景公才能听得进去他的想法。

> 今天我不想说别的，只想感谢兄弟们，这45天，非常感谢你们。我在生日那天告诉你们，我们的团队非常好，我很喜欢。45

天我们到处奔波，在酒店隔离吃饭，45 天见不到家人，马丁内斯女儿出生，但是他见不到她，也没法抱她。奇诺也有了儿子，但只去看了他一会儿，这都是为了什么？就是为了这个时刻，因为我们有一个目标，现在我们非常接近实现这个目标。你们知道最重要的是什么吗？那就是靠自己。这就是为什么我们要走出去踏上球场，并且举起那座奖杯。我们要把奖杯带回阿根廷，和家人以及球迷们一起庆祝夺冠。

2021 年美洲杯决赛赛前，球王梅西在更衣室里发表了一场精彩的队内演讲。素来被认为不善言辞的梅西通过唤醒队友们"同理心"的方式，用上述这番话快速点燃了大家的欲望点："我们一定要夺冠！"

当有人站在这么一个舞台上，我们很多同学都会羡慕，也会想，也许我去讲，会比他讲得更好。但是不管站在台上的同学面对的是失败还是最后的成功，他已经站在这个舞台上了。而你，还只是一个旁观者，这里面的核心元素，不是你能不能讲，不是你有没有演讲才能，而是你敢不敢站在这个舞台上。我们一生有多少事情因为我们不敢所以没去做。

上面是新东方创始人俞敏洪老师的励志演讲开场部分，很多大学生在新东方全国高校巡回讲座的现场听到过。这段演讲让不少同学们感觉被"戳中"了，因为俞老师采用唤醒"同理心"的方式激活了大家的欲望点："我好像就是这样，那该怎么办？"

十多年前，我在某教育集团公司竞聘教学总监。为了顺利争取到这个职位，我先从同理心角度出发，让领导们意识到公司目前面临的一个严峻问题。在集团内部竞聘会议上，我是这么说的：

我们集团公司已经走到了发展的关键时期。根据最新规划，未来6个月，将会陆续在不同城市建立10个分校。但是，我们的教学部门并没有及时跟上，不仅师资力量不够，而且学员投诉量持续增加。这些问题如果不得到及时解决，我们即便完成了预期拓校目标，也迟早会面临崩盘。

不出意外，我的竞聘演讲相当成功！集团领导们在聆听我的演讲时非常投入，时不时投来赞许的目光。我通过唤醒"同理心"的方式激活了他们的情感式欲望点："我们确实面临这样严峻的问题，该怎么解决？"

IDEA 知识点

情感式欲望点主要分为：好奇心型情感和同理心型情感。在本节前面乔布斯演讲的案例中，"乔布斯大学时期到底经历了什么"属于好奇心型情感；在俞敏洪演讲的案例中，"我好像就是这样，那该怎么办"属于同理心型情感。"情感式欲望点"常见于工作汇报、竞选竞聘、商务演讲、专题分享、主题演讲等演讲类型。

演讲者通过唤醒听众的好奇心形成情感式欲望点，这类情感在 IDEA 演讲模型中被定义为"好奇心型情感"。"好奇心型情感"常见于工作汇报、主题演讲。

好奇心型情感在演讲中的应用

好奇心型情感——工作汇报

工作汇报时使用好奇心型情感，目的是为了让上级更有兴趣听取你的工作汇报。上级通常非常忙，有时候很难静下心来仔细听你汇报，因此可能会漏听你汇报内容中的重要信息。你可以通过唤醒上级的好奇心型情感，让上级的信息场处于"渴望态"，汇报效果将显著增强。

工作汇报中常见的高效唤醒表达有："我取得了一些突破性的进展""我进行了一些创新性的尝试""我有了一些重要发现""我产生了一些新的思考"。比如，某知名留学中介公司的市场主管小鹏工作经验非常丰富，他在一次工作汇报的开场部分说了下面这句话：

> 在此次调研过程中，我有了一些重要发现，相信对公司业务的快速发展有着很强的借鉴意义。

这句话唤醒了公司老板的情感式欲望点（好奇心型）："你有什么重要发现？"从而让老板快速产生了往下听的渴望。如果你刚好正在准备一篇工作汇报，相信这个案例将对你有所启发。

好奇心型情感——主题演讲

> 小学数学老师是我的妈妈，校长是我的外公，别的老师不能体罚学生，但是我的老师随时可以，尤其是在放学后。中学班主任是我的舅舅和舅妈，其他同学放学回去就见不到老师了，我放学后能见到一屋子的老师。义务教育由于各位亲人们严加管教，我被迫做了9年好学生。

南京师范大学小帜参加了国际商学院演讲挑战赛，上面这段话是他开场不久后的演讲内容。他自己感觉这段过往非常有趣，但现场听众却没有表现出他所期待的强烈兴趣。原因很简单，听众只在乎自己，而小帜未能唤醒听众的聆听欲望。大赛结束后，小帜参加了赛组委组织的"国演星导师"公益计划。在我的指导下，他对原稿进行了如下修改：

> 小学数学老师是我的妈妈，校长是我的外公，别的老师不能

体罚学生，但是我的老师随时可以，尤其是在放学后。中学班主任是我的舅舅和舅妈，其他同学放学回去就见不到老师了，我放学后能见到一屋子的老师。义务教育由于各位亲人们严加管教，我一直是亲戚朋友眼中的"乖孩子"，但他们却不知道我早就有了一颗"叛逆"的心。

前后对比一下，现稿仅仅改动了最后一句话，但立刻产生了完全不同的效果。听众听完这段演讲，情感式欲望点（好奇心型）迅速被唤醒："他后来会干出什么'叛逆'的事儿？"

好奇心型情感是主题演讲的一把利器。如果你能够在演讲开场部分充分唤醒听众的好奇心，那么，你的演讲已经走在了成功的道路上。很多演讲失败是因为演讲者在开场部分没有抓住听众的心，听众一旦走神，后面的演讲即便再精彩也无法挽回。

演讲者通过唤醒听众的同理心形成情感式欲望点，这类情感在 IDEA 演讲模型中被定义为"同理心型情感"。"同理心型情感"中最常用的有"焦虑感""期待感""悲悯感""责任感"。在本节前面的演讲案例中，我在应聘某教育集团教学总监职务时，唤醒的是听众的焦虑感；球王梅西在激励球队时，唤醒的是队友的期待感；晏子在劝说齐景公救济百姓时，唤醒的是齐景公的责任感。同理心型情感常见于竞选竞聘、团队激励、商务演讲、专题分享、主题演讲。

同理心型情感在演讲中的应用
同理心型情感——竞选竞聘

作为一名竞选竞聘者，如果你能够激活听众的同理心型情感尤其是焦虑感，说出目前企业或组织面临的问题，让听众意识到问题的严重性或迫

切性,那么你竞选竞聘的成功率将会大幅度增加。比如,小吉在竞选某商学院 MBA 联合会主席时这么说:

> 我相信今天在场的每一位同学之所以选择读 MBA,有一个重要原因是大家都处于事业的上升期,需要接触更优质的人脉。然而,当前 MBA 联合会有特色的活动并不多,同学们自我展示与交流的机会太少,而且我们和同城商学院的同学们之间几乎是隔绝的,更别说全国其他地区的商学院了。这些问题如果得不到改善,我们读 MBA 的价值将会产生很大的流失。

小吉通过这段演讲迅速激活了现场听众的同理心型情感(焦虑感),从而产生情感式欲望点(同理心型):"问题再不解决,读 MBA 的价值会产生很大的流失,我们该怎么办?"听众有了这样的焦虑感,会特别期待小吉提供解决方案。如果大家认为小吉的解决方案科学合理,就很可能将手中的票投给他。

同理心型情感——团队激励

一个团队最重要的是凝聚力,凝聚力的核心是团队成员的内心有同一种情感。作为演讲者,你需要站在听众的角度,通过唤醒情感式欲望点(同理心型)的方式,让大家同心协力,朝着你想要的目标或愿景奋进。在热播电视剧《县委大院》中,梅晓歌书记在县委会议上发表了一篇感人至深的演讲。该演讲激励了在场的所有领导干部,县长艾鲜枝甚至当场落泪。

> 我记得几年前,青山书记在这里说过一段话,至今让我记忆犹新。他说,人这一生很短暂,眨眨眼睛,我们就退休了。如果有一天你回到光明县,在路上走一遍,横竖就这么几条街,走走看看,你发现这个县就是在我们的手里搞好的,也可能是搞坏

了，所以我们一定要有责任心。如果真的有像青山书记说的这一点，我希望到时候每个人的脸上，都会露出欣慰的笑容，问心无愧，不留遗憾。

如果我是现场县委干部中的一员，我的内心会立刻充满斗志，产生强烈的情感式欲望点（同理心型）："一定要为光明县的美好未来拼尽全力！"我希望当我退休回到光明县的时候，在繁华的街道里能看到我曾经的一份贡献。梅晓歌书记的这段演讲是典型的团队激励演讲，它成功唤醒了大家的同理心型情感（责任感）。

同理心型情感——商务演讲

商务演讲的目的是推广项目或产品。在我们的日常生活中，无论是电梯里播放的视频广告，还是视频软件中植入的产品推广，几乎每天都会出现大量新的品牌，不断充斥着我们的眼球。所以，一场平铺直叙的商务演讲很难抓住听众的注意力。聪明的演讲者只有善于唤醒听众的同理心型情感，才能让听众产生仔细听下去的耐心。比如，某著名童装品牌营销总监小柯在一次商务演讲中是这么说的：

在座的各位参加本次会议的目的显而易见，相信你们中的很多人正在寻找好的创业项目。但，我们不得不面对一个现实，由于诸多原因，经济已出现整体下滑，创业必须更加谨慎，要找对行业，跟对趋势。一旦选错行业，将会血本无归！

面对台下寻求好项目的听众，小柯并没有直接介绍自己的品牌，而是先唤醒了听众的情感式欲望点（同理心型）："经济下滑时创业须谨慎，选错行业将血本无归，那我该选什么行业呢？"小柯通过这段演讲迅速激活了听众的同理心型情感（焦虑感）。

同理心型情感——专题分享

专题分享的目的是将你的专业知识传递给听众。通常情况下，由于听众对你分享的专业知识比较陌生，他们会本能地产生抵触情绪。如果你能够唤醒听众同理心型情感，尤其是焦虑感或期待感，激活听众对专业知识的迫切需求，专题分享的效果就会显著提升。资深房产顾问小孙在专题分享时是这么说的：

> 我曾经碰到一个朋友，他花了半辈子的积蓄，听信房产商的宣传买了一套"学区房"。等房子到手后却发现孩子根本上不了附近的名校。这位朋友连跳楼的心都有了，他不仅花掉了血汗钱，还耽误了孩子的未来。

听众听完倒吸一口冷气，不自觉地产生同理心型情感（焦虑感），伴随出现情感式欲望点（同理心型）："这种事情可千万别发生在我身上，怎样才能不被骗？"小孙通过这段演讲让大家迅速产生了对"如何选好学区房"的渴望。

在本章第1节理财规划师小浩的演讲案例中，为了充分吸引现场的听众，他采用了唤醒大家同理心型情感（期待感）的方式：

> 2年前，我遇到过一个客户，受传统思维的影响，她喜欢把钱存在银行里，虽然每年会有利息，但由于通货膨胀，实际上她的钱已经缩水了好几万。后来我帮她做了理财规划，进行资产合理配置，现在她的资产不仅没有减值，而且几乎翻了一倍！

在小浩的演讲中，"她的资产不仅没有减值，而且几乎翻了一倍"快速让听众产生了期待感，听众希望自己的资产也能够像小浩提到的客户一样，实现大幅度增值。

同理心型情感——主题演讲

主题演讲使用同理心型情感，目的是让听众受情感驱动，从而产生聆听欲望，其中"焦虑感""悲悯感""责任感"尤为多见。听众一旦产生"焦虑感""悲悯感"和"责任感"，就会特别渴望聆听演讲者的后续内容。

> 记得那一年我高中毕业，没有考上大学。我妈妈跟我说，你去接我的班吧，于是我就来到了北京广播电视配件五厂，成为一名工人。每天面对着轰隆隆响的大机器，我就在思考一个问题，这就是你的梦想吗？这就是你的未来吗？

上面是一位著名女企业家在鸟巢发表的励志演讲的开场部分。她通过一个小故事让现场很多听众瞬间产生了同样的思考："每天面对的工作环境是自己想要的吗？"在潜意识层面上唤醒了大家的同理心型情感（焦虑感）。

湖南大学小柴同学报名参加了国际商学院演讲挑战赛，她的演讲题目是《农村泥腿子，好好读书会有出路吗？》。演讲开始不久，她通过讲述了自己的童年经历，唤醒了听众的同理心型情感（悲悯感）。她是这么说的：

> 我家因妹妹幼年时一条腿阶段性残疾，穷到了村里的最底层。家里唯一的一间房以稻草为屋顶、以泥砖为墙，在叔叔家独立建新房后，泥砖墙因木梁和窗户被撤走又多了一个不规则的洞，在雷雨交加的晚上，风从洞里灌进来，煤油灯在家里压根点不住；好不容易用家里所有的容器接住漏下的雨水，却因为鸡笼移入房间，母女三人晚上被鸡虱子咬伤，我和妹妹的哭声此起彼伏。看到母亲默默流泪，我悄悄地下定决心：我要战胜贫穷，给家人幸福！

2022年9月24日，中国传媒大学优秀校友徐滔在新生开学典礼上发表了主题演讲《再平凡，也是限量版》，该演讲被评为"2022年度最有力量的演讲"。徐滔先简单介绍了一下自己，然后接着说：

> 当年在开学的第一个星期，我们电编系的同学决定去龙潭湖拍照片。那天我们所有的女孩扛着两个大箱子，里面都是非常漂亮的衣服。我们在龙潭湖公园里不断地换地点，不断地换服装，不断地拍照。这时我敏锐地发现有一个骑三轮车的大爷一直跟着我们，行踪非常可疑。那个时候我就显现出了一名做法制记者的素质，我去跟大爷说："你为什么老跟着我们？"这个大爷一脸的委屈，他说："你看你们穿得花枝招展，红红绿绿，就像是歌舞团的演员在公园里要慰问演出，所以我一路跟了过来。"大家可以想象34年前的我们是一道多么亮丽的风景，如同今天坐在舞台之下的你们。

这段演讲促使现场听众的潜意识里产生了"责任感"：我们正处在老师当年最美的年纪，作为新一代中传人，我们更应尽情绽放自己的风采。有了这份"责任感"，同学们充满热情地期待徐滔接下来的演讲。

IDEA演讲模型实战情景练习

假设你正在准备一场工作汇报，请根据此次演讲的IDEA（想法），尝试写下"情感式欲望点"：

_____

_____

03 认知式欲望点，让听众迫不及待

这三年来，世界发生了巨大的变化，已经很深地影响到了我们每一个人的生活和工作。面对连续不断的巨大的变化，不少人觉得不适应，甚至有点迷茫，还有人特别特别的焦虑。所以，这次年度演讲呢，我就不打算谈小米了，我想聊一点不同的话题，聊的主要内容就是：我是怎么度过那些人生低谷的时期，我是怎么穿过那些迷茫和焦虑的时期。

小米创始人雷军在他的 2022 年度演讲《永远相信美好的事情即将发生》中，用上述这番话进行了开场。这个开场成功地激活了听众们的认知需求，从而产生欲望点："雷军是如何度过人生的低谷，又是如何穿过迷茫和焦虑的时光？"这类通过唤醒认知需求的方式促使听众产生的欲望点，在 IDEA 演讲模型中被定义为"认知式欲望点"。

面对全国的青年才俊演讲，确实有压力，也难做，因为我是企业家，讲什么呢？我只能讲故事，而且不能讲过头，讲过头了人家会认为我在吹牛。我今天跟大家分享的是这四十年来民营企业对国家的贡献和国家对民营企业的帮助。

中国著名企业家曹德旺先生曾经发表了主题演讲《为中国人做一片属于自己的玻璃》，上面这段话是开场部分的内容。曹德旺先生年轻时不顾家人反对，毅然决然接管镇上一家严重亏损的异型玻璃厂。他积极抓住国家政策机会，通过智慧经营将福耀玻璃做到了全球领先地位。曹德旺的这段开场成功地唤醒了现场听众的认知式欲望点："四十年来民营企业对国家有怎样的贡献以及国家对民营企业有怎样的帮助？"

著名学者、清华大学向老师曾经发表了一篇关于大数据的精彩演讲。演讲的开头部分层层递进，不断唤醒了听众们关于大数据的认知式欲望。她是这么说的：

> 我们现在每天都听到人们在谈大数据，而且大家都觉得大数据特别神奇，但是你有没有想过这个大数据跟你有什么关系？你可以买大数据吗？你家的硬盘可以放下大数据吗？你从来不能拥有大数据，大数据不是你的。你说好，那我不要，但我可以用啊，对不对？我总可以用大数据吧。你不会用，因为你不会写代码，那你说我是一个用户啊。对，我们共同拥有一个名字叫用户。我们都姓用，我们只能用，而且用户有什么权利呢？用户只能是给钱或者不给钱。那给钱也行，那你不觉得是人家开发什么，你就用什么吗？它能满足你的愿望吗？其实往往我们有时候还没有愿望的时候，他们就开发出来了，然后我们就跟着有了愿望，我们就按照比如说微信规定的方式开始游玩，那个游戏是他们发明的。所以说，我一直在想的是，其实到现在为止，这些APP软件并没有解决我自己内心的很多想解决的问题。

听完这段演讲，我相信现场很多听众的内心已经产生了亟待解决的困惑："大数据到底可以解决我们什么问题？"对大数据的认知式欲望点一旦被唤醒，听众对她演讲的后面的内容就会产生渴望，从而大大提升了演讲效果。

国内知名导演、制片人方励老师曾经发表了一篇有关生命的励志演讲，在各大自媒体上的点击量非常高。方老师在演讲现场播放了一张陨石坑图片后，立刻开始了下面的演讲：

> 我先给大家讲讲这个地方。这是地球上目前保存最完整的陨石坑，在美国亚利桑那州，我在1990年的时候专门开车去看过。这个坑有1.4千米宽，深175米……大家可能学过一点点地球的演变史。地球从一团气体变成今天的样子，花了46亿年。上一次人类的毁灭是在6500万年前，我每时每刻都会记得这一点：我们整个人类，是在两次毁灭之间的仅仅一个过程。我们自己能活多久呢？大约3万天。也就是说当我们谈地球的演变史的时候，那个单位时间是百万年，因为没有百万年，一个石头无法形成，一个山脉也无法形成，一个峡谷也无法形成。比如著名的美国大峡谷是被科罗拉多河切割一两百万年才形成的。那我们想想人类的历史，有文字记录的历史才几千年，如果这个单位时间算是一百年的话，我们在座的各位能有多少人能活够这个最小单位时间？
>
> 那么我想跟大家分享一个什么感受呢，当你意识到你的生命有多宝贵的时候，你就会特别特别惜命，惜命的方式是什么呢？

不出意外，现场听众的脑子里肯定会浮现一个疑问："生命如此短暂，我们应该如何度过此生？"大家特别期待从方老师接下来的演讲中得到答案，这意味着他们的认知式欲望点被充分唤醒。

IDEA 知识点

认知式欲望点主要分为：经验型认知和解惑型认知。在本节前面小米创始人雷军的演讲案例中，"雷军是如何度过人生的低谷，又是如何穿过迷茫和焦虑的时光"属于经验型认知；在清华大学教师向老师的演讲案例中，"大数据到底可以解决我们什么问题"属于解惑型认知。"认知式欲望点"常见于专题分享、主题演讲等演讲类型。

演讲者通过唤醒听众对获取某种经验的认知需求形成认知式欲望点，这类认知在 IDEA 演讲模型中被定义为"经验型认知"。"经验型认知"常见于专题分享、主题演讲。

经验型认知在演讲中的应用

经验型认知——专题分享

专题分享时使用经验型认知，目的是唤醒听众对获取演讲者某种专业经验的认知需求。小王是一名三甲医院的耳鼻喉科主治医师，他经常去社区做有关慢性鼻炎预防的专题分享。在演讲开场部分，他是这么说的：

> 在我从医的这么多年，看过的病人中慢性鼻炎患者占的比例非常高。有些患者已经苦不堪言，生活、工作受到极大影响。根据长期积累的经验，我总结出了一些非常有效的慢性鼻炎预防方法，今天和大家分享一下。

现场听众听完这段开场，纷纷掏出了手机和笔记本准备记录。这就代表小王医生成功唤醒了大家的认知式欲望点（经验型）："如何有效预防慢性鼻炎？"

经验型认知——主题演讲

主题演讲时使用经验型认知，目的是唤醒听众对获取演讲者某种人生经验的认知需求。在本节前面雷军、曹德旺的演讲案例中，他们均采用了此种方式。经过总结发现，越来越多的知名人士尤其是企业家在发表主题演讲时，倾向于分享自己的人生经验。再看一个例子，2022年10月29日，国内著名商业顾问刘润发表了年度演讲《进化的力量》。在演讲开场部分，他是这么说的：

> 市场有不确定性，供应链有不确定性，疫情有不确定性，国际环境有不确定性，2022年，似乎到处都是不确定性。今天的年度演讲，我就斗胆和你聊聊"不确定性"。

IDEA 小结

"经验型认知"通常由"现状"作为引导。比如，雷军跨年演讲中的"这三年来……还有人特别特别的焦虑"属于"现状"；主治医师小王专题分享中的"在我从医的这么多年……生活工作受到极大影响"属于"现状"；刘润年度演讲中的"市场有不确定性……似乎到处都是不确定性"也属于"现状"。

演讲者通过唤醒听众对解决某种困惑的认知需求形成认知式欲望点，这类认知在 IDEA 演讲模型中被定义为"解惑型认知"。"解惑型认知"常见于专题分享和主题演讲。

解惑型认知在演讲中的应用

解惑型认知——专题分享

专题分享时使用解惑型认知，目的是唤醒听众对解决某种专业困惑的需求。在本节前面清华大学教师向老师的演讲案例中，听众对解决大数据困惑的需求被唤醒，从而产生聆听渴望。英语培训师小杰也是采用了同样的唤醒方式，让大家迫切想了解如何科学背单词。在一次讲座分享中，他是这么说的：

> 咱们同学们为了考四六级，拼命背单词，用尽了各种方法，比如联想式记忆法，一开始挺轻松的，但联想多了之后脑子就累了；还有词根词缀记忆法，看词根就知道单词的意思，但是背词根太枯燥，单词多了之后容易造成记忆混乱。那到底该如何科学背单词呢？今天我想和同学们分享一下。

解惑型认知——主题演讲

主题演讲时使用解惑型认知，目的是唤醒听众对解决某种人生困惑的需求。比如，在本节前面制片人方励老师的演讲案例中，方老师唤醒了听众对解决人生困惑"如何惜命"的渴望。再看一个例子，某位登山专家老焦曾经发表过一篇主题演讲《重拾生活的激情》。他通过相同的唤醒方式，让听众产生了解决人生困惑"生活没有激情该怎么办"的渴望。老焦的演讲是这么开场的：

> 相信大家或多或少经历过这种时刻，某天早晨醒来突然什么事都不想干了，觉得生活失去了激情。当你遇到这种情况，是不是感觉有点恐慌，不知所措。别害怕，作为一个长期"受害者"，我找到了一颗"速效救心丸"。

🎤 IDEA 小结

"解惑型认知"通常由"问题"作为引导，比如清华大学向老师专题分享中的"我们现在每天都听到人们在谈大数据……那个游戏是他们发明的"属于"问题","咱们同学们为了考四六级……单词多了之后容易造成记忆混乱"也属于"问题"。

IDEA 演讲模型实战情景练习

假设你正在准备一场专题分享，请根据此次演讲的 IDEA（想法），尝试写下"认知式欲望点"：

_____

_____

04

价值式欲望点，使听众兴奋起来

> 让所有的旅游者和旅游供应商能够直接地在这个平台上进行交流和交易，来减少双方的交易成本。

同程旅游网创始人吴志祥是一位出色的创业者，2006年他参加了中央电视台创业节目《赢在中国》。在节目的自我介绍环节中，吴志祥通过上面这样一句简练的表述，唤醒了现场听众的欲望点："减少双方的交易成本"。这是旅游者和旅游供应商都非常关心的问题。**这类通过唤醒价值需求的方式促使听众产生的欲望点，在IDEA演讲模型中被定义为"价值式欲望点"。**

> 将士们，我承诺你们，从今以后你们所付出的一切血汗都能够得到回报，任何人触犯刑法都将受到惩处，秦国的一切将是属于你们和你们儿女的。今日，我们在秦国推行这样的律例，他日，天下就都有可能去推行这样的律例，你们有多少努力就有多少回报，你们可以成为公士、为上造、为不更、为左庶长、为右庶长、为少上造、为大上造、为关内侯，甚至为彻侯，食邑万户，你们敢不敢去争取？能不能做到？

上面是电视剧《芈月传》中秦国太后芈月的一段话，面对众多叛军，没有采取暴力镇压的方式,而是从将士们的内心需求出发,唤醒了他们的价值式欲望点:"努力就有回报,加官晋爵上不封顶"。俗话说得好,"用兵之道,攻心为上"。芈月通过这番精彩演讲,不费一兵一卒,成功收复了这些叛军。

> 我在火锅这个领域深耕多年,从 2015 年开始,专注于研究健康养生火锅,这源于我对火锅又爱又恨,爱到每天都想吃,恨它又过于辛辣刺激,有些伤肠胃。于是在 2017 年,我创立了某牛腩火锅品牌,用对人身体有益的牛腩肉为主食材,搭配养生锅底,既解馋又健康,让火锅爱好者可以吃得畅快无负担。

这是《创业中国人》节目上,某牛腩品牌火锅联合创始人项目路演时的开场部分。该创始人迅速抓住了听众中很多火锅爱好者的欲望点:"吃得畅快无负担"。这个欲望点被唤醒后,大家才会有兴趣听他详细介绍创业项目。

2022 年热播电视剧《县委大院》中,梅晓鸽县长面临一项非常艰巨的任务。为了建设县医院大楼,他需要动员全村村民迁祖坟。他在动员会上发表了一场精彩演讲,一开场就唤醒了现场村民的欲望点:"有疑难杂症,不用再往市里跑了"。这个欲望点迅速抚平了村民们的抵触情绪,大家才有耐心继续听下去。

> 为什么要迁坟?大家都知道,县医院要搬过来,现在这地方,太小,太旧了,再不动就卡死了,挪一步才能步步挪。大的规划我就不说了,说点和我们息息相关的,这好的人才,本科以上的,要留在咱们县,首选就两个地方,一个医院,一个学校。医院可是救命的地方,咱家家户户都有老人,有孩子吧,这以后县医院,有没有水平高的医生,咱的医疗条件,能不能得到改善,万一谁有个疑难杂症,能不能不用再往市里跑了,这就看我们了!

🎤 IDEA 知识点

价值式欲望点主要分为：增益型价值和减损型价值。在本节前面秦国太后芈月的演讲案例中，"努力就有回报，加官晋爵上不封顶"属于增益型价值；同程旅游网吴志祥演讲案例中的"减少双方的交易成本"属于减损型价值。"价值式欲望点"常见于自我介绍、竞选竞聘、团队激励、商务演讲、专题分享等演讲类型。

演讲者通过增加听众的某种利益形成价值式欲望点，这类价值在 IDEA 演讲模型中被定义为"增益型价值"。"增益型价值"常见于自我介绍、竞选竞聘、团队激励、商务演讲、专题分享。

"增益型价值"的两个关键特征

"增益型价值"是价值式欲望点的一种，本质上是为了促使听众的信息场呈现"渴望态"。演讲者提供的增益型价值信息能量越高，听众呈现的渴望态就越强烈。一个优秀的"增益型价值"通常具备以下两个特征中的至少一个。"减损型价值"特征亦是如此。

1. 迫切性

听众对你提供的增益型价值的需求有一定的迫切性。迫切性越强，增益型价值的能量就越高。因此，演讲者需要认真分析听众的心理，梳理出听众最迫切的诉求。在秦国太后芈月的演讲案例中，芈月深知叛军士兵们迫切想加官晋爵，所以她的演讲提供了相应的增益型价值：努力就有回报，加官晋爵上不封顶。叛军最终选择归顺属于情理之中的事情。

2. 具体性

增益型价值越具体，信息能量越高。在梅晓鸽县长的演讲案例中，梅晓鸽县长提供的增益型价值相当具体："有疑难杂症，不用再往市里跑了。"假设换个说法，比如改成："大家以后看病就容易了。"对比一下，前者唤醒听众信息场形成的渴望态，其显著程度一定远高于后者。再看个例子，作为国际商学院演讲挑战赛发起人，我经常去全国各大商学院做赛事宣讲。每次宣讲时，我都会说："国演赛是一项演讲社交式文化赛事，大赛主题演讲让参赛选手有机会充分展现自己，主题社交活动让彼此深度链接，找到自己的同频人、合伙人以及投资人。"其中，"找到自己的同频人、合伙人以及投资人"是赛事提供的具体化增益型价值。如果换成"链接到更多的人"，唤醒效果肯定会差很多。

增益型价值在演讲中的应用

增益型价值——自我介绍

自我介绍时使用增益型价值，目的是让听众感知利益从而产生聆听渴望。在本书第一章第 1 节健身教练小曾的自我介绍案例中，"1 个月内快速瘦掉 10 斤，而且无任何运动损伤"属于增益型价值。再看一个例子，小吴同学参加某顶级商学院复试面试时，他神态自若地说：

> 过去的五年，我见证了公司研发移交量产，见证了企业文化的构建与发展，对公司的战略发展方向有了清晰的了解。如果我有幸被录取，我可以帮忙安排感兴趣的同学到公司进行参观实习。

上面这段演讲中，"感兴趣的同学到公司进行参观实习"属于增益型价值。这种价值对一所商学院来说，是具备一定吸引力的。

增益型价值——竞选竞聘

竞选竞聘时使用增益型价值，目的是让听众感知该竞选人或竞聘人能够为企业或组织增加利益，从而对该竞选人或竞聘人产生兴趣。比如，小吉在竞选某商学院 MBA 联合会主席时，他是这么说的：

> 我相信今天在场的每一位同学之所以选择读 MBA，有一个重要原因是大家都处于事业的上升期，需要接触更优质的人脉。如果我有幸当选 MBA 联合会主席，我将会组织丰富多彩的高质量社交活动，给同学们更多自我展示与交流的机会，增强同学们之间的深度交流，甚至链接全国其他商学院的优质资源。

该段演讲包含 3 个增益型价值："获得更多自我展示与交流的机会""增强同学们之间的深度交流""链接全国其他商学院的优质资源"，这些增益型价值会让听众对小吉产生非常大的兴趣。

增益型价值——团队激励

团队激励时使用增益型价值，目的是通过给予听众利益从而激活听众的行动力。本节前面秦国太后芈月的演讲本质上是一个团队激励演讲，激励现场的将士们为她征战。其中，"成为公士、为上造、为不更、为左庶长、为右庶长、为少上造、为大上造、为关内侯，甚至为彻侯，食邑万户"属于增益型价值；梅晓鸽县长的演讲也是团队激励演讲，激励村民们积极主动迁坟。其中"有疑难杂症，不用再往市里跑了"属于增益型价值。再看个例子，小沈是一家儿童玩具公司销售总监，在公司双十一销售动员大会上，他充满激情地说：

> 这次双十一，我们公司全年销售额能否突破 5000 万在此一举，大家要铆足了劲儿，加油干。我承诺在座的各位一件事情，只要今年我们能达成业绩目标，我请团队所有的小伙伴及父母去三亚旅游一趟，费用我出，大家说好不好！

很明显,"可以和父母一起去三亚免费旅游一趟"属于增益型价值。小沈的话音刚落,团队同事们瞬间爆发出一片欢呼声,大家对即将到来的双十一充满了斗志。

增益型价值——商务演讲

> 我在2019年发起了国际商学院演讲挑战赛,大赛主题是《讲述你的故事》。目前已经有来自全国100多所商学院的(E)MBA人参与赛事,他们都是企业中高管、行业精英以及企业家。比赛创立初始阶段,很多人不太能理解为什么要参加国演赛。我通过一次次校园宣讲,无比坚定地告诉同学们:"国演赛是一项演讲社交式文化赛事,大赛主题演讲让参赛选手有机会充分展现自己,主题社交活动让彼此深度链接,找到自己的同频人、合伙人以及投资人。"

对商务演讲来说,增益型价值至关重要。如果你不能提供听众想要的利益,他们将会失去聆听演讲的兴趣。在上面的案例中,我通过精炼的一小段话,唤醒了同学们的价值式欲望点(增益型):"有机会展现自己,链接优质人脉"。只有清楚地看到参与赛事带来的利益,大家才会产生进一步了解赛事的渴望。

商务演讲中,增益型价值有一个常用的表达结构"特色+利益",演讲者先说出项目或产品的特色,再告诉听众可以获得的利益。比如,"国演赛是一项演讲社交式文化赛事"是项目特色,"参赛选手有机会充分展现自己,找到自己的同频人、合伙人以及投资人"是项目带来的利益。再举个例子,小阳是一家农产品直供平台的创始人,在一次商业路演时,她这么介绍自己的项目:"某直供是一个连接良心农人和家庭主妇的农产品社交电商平台,通过分享优质的农产品获得收益,让农产品通过社交传播的方式得以快速销售"。其中,"某直供是一个连接良心农人和家庭主妇的农产品社交电商平台"是项目特色,"农产品通过社交传播的方式得以快速销售"是项目带来的利益。

增益型价值——专题分享

专题分享时使用增益型价值,目的是让听众感知专业知识能够给自己带来利益,从而产生聆听分享的兴趣。小涂是一家二手车平台创始人,为了提升个人影响力,他经常做一些关于二手车的专题分享。比如,他最近做了一场分享《购买二手车的3个雷区》,效果很不错。以下是他的开场部分内容:

> 最近几年,二手车市场特别乱,"报废车""抵押车"等问题让购车者大呼上当。我今天的分享将会帮助大家买到安全可靠、性价比非常高的二手车。

在上面这段演讲中,"买到安全可靠、性价非常高的二手车"属于增益型价值。对准备购买二手车的人来说,这种价值是他们迫切需求的。

演讲者通过减少听众的某种损失形成价值式欲望点,这类价值在IDEA演讲模型中被定义为"减损型价值"。"减损型价值"常见于自我介绍、商务演讲、专题分享。

减损型价值——自我介绍

自我介绍时使用减损型价值,目的是让听众感知可以避免某种损失从而产生聆听的渴望。在本节同程旅游网吴志祥的演讲案例中,"减少双方的交易成本"属于减损型价值。再看一个例子,小乔是一位著名的心理咨询师,在某企业家协会举办的商务沙龙上,她这么介绍自己:

> 大家好,我叫小乔,我是一名心理咨询师,从业11年多。我

可以让焦虑症患者快速缓解症状甚至自愈,让他们不再因神经高度紧张导致失眠、工作失误频发,甚至无法工作。

显而易见,"不再因神经高度紧张导致失眠、工作失误频发,甚至无法工作"属于减损型价值。最近几年各行各业"内卷"得太厉害,很多人都有或轻或重的焦虑症状。因此,小乔提供的减损型价值对现场听众来说,具备不小的诱惑力。小乔刚结束自我介绍,现场就有几位听众举手要小乔的联系方式。

减损型价值——商务演讲

大家好,我叫小贾(化名)。我是某男士穿搭盒子的创始人,某男士穿搭盒子是专注于个性化男装配送服务的平台。在我们这里,您不需要再为了逛店挑款而劳神费心,我们会为您指派一名专属的服装造型顾问,会从我们的产品库中,为您精心挑选出两到三件单品并且组合成一个穿搭盒子,寄给您试穿。

这是小贾在某档创业融资节目上的项目路演开场部分。其中,"不需要再为了逛店挑款而劳神费心"属于减损型价值。商务演讲时使用减损型价值,目的是让听众感知项目或产品可以减少他们在某个方面的损失,从而对后续演讲内容产生较大的兴趣。值得注意的是,小贾提出的减损型价值符合"具体性",如果改成"不需要在挑选合适的衣服上浪费时间",效果明显差很多。

减损型价值——专题分享

小瞿是一位出色的网络工程师,由于最近网络诈骗非常猖獗,他被很多平台邀请去做网络安全讲座。在正式分享时,小瞿一开场就列出自己精心总结的网络诈骗类型，每一种都描述得特别细致。讲了几场后，小瞿有点郁闷，他发现听众对枯燥的网络安全知识似乎并不感兴趣。小瞿是我的线上演讲课程学员，在我的建议下，他创作了全新的演讲开场："在座的各位应该都在网上扫过一些陌生的二维码，下面请你们扫下我PPT上的二维码。（听众扫完后）很抱歉，你已经泄露了你的手机隐私信息，请看大屏幕。"只见大屏幕上显示了一大串个人信息，现场听众发出一片惊愕之声。小瞿趁热打铁继续说："接下来，我将和大家分享如何避免个人隐私信息泄露，从此远离网络诈骗。"

专题分享时使用减损型价值，目的是让听众感知专题知识能够让自己避免某种损失，从而产生聆听分享的兴趣。在小瞿修改后的演讲中，"避免个人隐私信息泄露"属于减损型价值。现场听众为了防止自己的隐私信息被窃取，极为认真地聆听小瞿的专题分享，生怕错过一个字。

IDEA演讲模型实战情景练习

假设你正在准备一场商务演讲，请根据此次演讲的IDEA（想法），尝试写下"价值式欲望点"：

_____

_____

05

演讲 PPT 设计——欲望点

小蕙是一名自驾游爱好者,她喜欢开车去一些偏远但很有文化特色的地方,路途中经历了不少有意思的事情。最近,她受邀在某著名演讲平台上做一场分享,主题是《旅行的意义》。关于演讲"欲望"部分的 PPT 设计,她希望得到我的一些建议。经过沟通,我得知她希望唤醒听众的欲望点是:"一时冲动递交辞职信后,小蕙将会做出怎样的选择?"很明显,这个欲望点属于情感式欲望点(好奇心)。我问她,你准备采用哪一种唤醒方式,她说那肯定是故事型唤醒法。问题变得简单了,我让她从过往的照片中,选出一张最能够帮助她唤醒其目标欲望点的照片,然后去讲述照片背后的故事。

在 IDEA 演讲模型中,主题演讲主要采用 2 种欲望点:情感式欲望点、认知式欲望点;3 种欲望唤醒法:提问型唤醒法、数据型唤醒法、故事型唤醒法。主题演讲"欲望"部分的 PPT 设计主要取决于采用哪一种唤醒法。其中,故事型唤醒法采用的 PPT 呈现方式通常是"纯图型(图片)"。比如,在本节开篇演讲案例中,小蕙通过使用一张照片帮助她唤醒了听众的情感式欲望点。

加州大学伯克利分校的神经科学和心理学教授 Matt Walker 博

士,曾经发表了一篇关于睡眠的演讲。在演讲的开始阶段,Matt Walker博士的演讲PPT上呈现了一组实验数据对比图表(柱状图),图表显示睡眠不足的人与睡眠充分的人相比,学习记忆储存能力要差40%。这个对比图表快速唤醒了听众的认知式欲望点(解惑型):"为什么睡眠不足会导致这样的学习障碍?"

该案例中,Matt Walker博士使用的是数据唤醒法,PPT呈现方式为"纯图型(图表)"。对于数据唤醒法,PPT呈现方式通常采用"纯图型(图表)"或"纯字型(数字)"。再看一个例子,某快速记忆法创始人小查老师在家长公开课的开场阶段,向大家讲述了一个测试,其同步播放的PPT展示了两组对比鲜明的数据。以下是他的开场演讲内容和"纯字型(数字)"PPT:

> 我曾经在我的快速记忆课上进行了一项测试,测试分为两个阶段。第一个阶段,我随机从《新华词典》中挑选出50个词组,让同学们在10分钟内记住。10分钟后,我要求同学们在一张空白纸上写下这些词组。第二个阶段,我先教授同学们某个快速记忆法。学习结束后,和第一个阶段同样操作,让同学们在另外一张空白纸上写下新的50个词组。在座的家长们请看PPT,PPT左边是第一个阶段的测试结果,所有同学的记忆正确率仅为31.3%,PPT右边是第二个阶段的测试结果,记忆正确率高达78.6%。

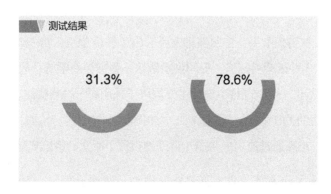

现场听课的家长们看到 PPT 上显示的数据，脸上纷纷露出惊讶的表情，认知式欲望点"如此高效的记忆是如何做到的？"被瞬间唤醒。听完公开课后，大部分家长选择了报名小查老师的快速记忆法训练营。

南京航空航天大学小赵同学报名参加了国际商学院演讲挑战赛，一路"过关斩将"晋级全国总决赛。她的演讲题目是《是不是存在 Loser?》。在演讲的开场部分，小赵同学播放了一张 PPT，上面写着："这个世上是否有 loser？"她通过显眼的文字将演讲中的重要问题直接呈现出来，强势唤醒了听众的情感式欲望点（好奇心）："到底有没有 loser 呢？"

该案例中，小赵同学使用的是提问式唤醒法，PPT 呈现方式为"纯字型（文字）"，由此产生的现场效果非常好。大多数情况下，提问式唤醒法不需要 PPT 进行辅助，但要求演讲者在提问时，问题一定要"尖锐"，节奏一定要快，不能拖沓，不然会影响唤醒效果。

🎙 IDEA 小结

主题演讲"欲望"部分的 PPT 设计主要取决于采用哪一种唤醒法：故事型唤醒法通常采用"纯图型（图片）"PPT；数据型唤醒法通常采用"纯图型（图表）"PPT 或"纯字型（数字）"PPT；提问式唤醒法通常采用"纯字型（文字）"PPT，也可以不使用 PPT。

第四章

植入精准的"链接"
——输入听众信息

演讲的最终目的是将你的 IDEA（想法）植入听众的心智，其核心关键在于：将 IDEA 与听众的心智进行链接。如何做到呢？作为演讲者，你需要深入探索自己与 IDEA 相关的全部信息，找出可以将 IDEA 与听众信息场进行链接的高能量信息点，这些高能量信息点在 IDEA 演讲模型中被称为"链接点"。演讲者通过链接点将自己的 IDEA 与听众的信息场充分链接，形成"连接态"。听众只有在"连接态"的状态下，才能够完全接收到你的 IDEA。

01

把想法说清楚，就是最好的链接

我有一个正在创业的朋友叫小辉，他的产品非常好。小辉每年都会花大量时间在外面奔波，到处做演讲分享，寻找潜在客户以及合作伙伴。但令他不解的是：每次分享完，找他进一步深聊的人非常少。他找到我，希望我能给他一些指点。按照惯例，我让他现场讲一遍给我听。他一讲完我就明白了，不是听众不愿意"链接"他，而是他没有把自己的想法说清楚，听众找不到合适的"链接点"。

关于链接，绝大部分人的理解会产生方向性错误，认为好的链接就是主动和别人保持频繁联系。这一点当然很重要，但真正高效的链接是充分探索自己。你需要把自己的IDEA（想法）说清楚，让别人看到"链接点"，才能产生链接。所以，IDEA演讲模型中"链接"对应的英文单词是Explore（探索），而不是传统的Connect或者Link。

演讲展开第三步，植入IDEA（想法）有效的链接

作为演讲者，你需要充分探索与你的IDEA相关的信息，找到和听众

的链接点，从而让听众的信息场形成"连接态"。第二章第1节自由职业者若兮的演讲案例中，若兮想要将"和我一起旅行很愉快"的IDEA植入听众的心智。首先，她成功地在听众心智中建立起了自己的高能量"印象点"，听众信息体呈现"激活态"；随后她唤醒了听众的"欲望点"，听众信息呈现"渴望态"。一起回顾一下：

> IDEA（印象）：大家好，我叫若兮，来自四川成都。我是一名旅行达人，去过全世界36个国家，包括叙利亚、南非和挪威等。

> IDEA（欲望）：如果有机会我们一起去旅行，我会让你感受到前所未有的旅行体验。

"印象"和"欲望"部分对整个演讲来说，是至关重要的铺垫，目的是让听众顺利过渡到IDEA的植入阶段，即"链接"部分。经过我的指导，若兮接下来是这么说的：

> IDEA（链接）：第一，我是一个规划达人。每次旅行前，我都会把行程规划得清清楚楚，绝不漏掉任何一个著名景点；第二，我是一个美食猎人。我总能搜寻到当地最有特色的美食；第三，我是一个省钱专家。旅行的每一分钱都花在该花的地方，而且，能不花钱的绝不花钱。

若兮的这段话包含了3个链接点："规划达人""美食猎人""省钱专家"。这3个链接点成功地将若兮的IDEA"和我一起旅行很愉快"与听众的心智进行链接，形成完美的"连接态"。

在第三章第1节理财规划师小浩的演讲案例中，小浩希望将他的IDEA"科学守护个人财富的方法"植入听众的心智。按照我的建议，他快速找到了3个链接点："确定理财目标""明确投资期限""选择投资方案"。

有时候，演讲者可以根据实际需要，提前告知听众链接过程的时间长度和全部链接点。这样会让听众提前有一个预知，从而对聆听演讲产生更多的耐心。我们一起来看看小浩是怎么说的（包括"印象"和"欲望"部分）：

IDEA（印象）：大家好，我叫小浩，我是一名理财规划师，来自某金融公司。在过去的5年里，我帮助1000多名客户实现资产大幅度增值。

IDEA（欲望）：2年前，我遇到过一个客户，受传统思维的影响，她喜欢把钱存在银行里。虽然每年会有利息，但由于通货膨胀，实际上她的钱已经缩水了好几万。后来我帮她做了理财规划，进行资产合理配置，现在她的资产不仅没有减值，而且几乎翻了一倍！

IDEA（链接）：接下来，我将会用10分钟的时间和大家分享"如何科学守护你的个人财富？"，总共3个要点，它们分别是："确定理财目标""明确投资期限""选择投资方案"。第一，确定理财目标……第二，明确投资期限……第三，选择投资方案……

1917年1月9日，北大校长蔡元培先生发表了一篇精彩的就职演讲。当时北大学风堕落，人心浮躁，蔡校长希望通过一场演讲促使北大师生们警醒。根据演讲全文判断，他的IDEA是"做一名合格的北大人"。蔡校长使用了3个链接点将他的IDEA与现场听众进行链接，分别是："抱定宗旨""砥砺德行""敬爱师友"。当他说完链接点的全部内容，全场听众为之掌声雷动。这说明他的IDEA与在场的北大师生们产生了强烈链接，呈现全面"连接态"。以下是蔡元培先生就职演讲的核心内容：

一，抱定宗旨。诸君来此求学，必有一定宗旨，欲求宗旨之正大与否，必先知大学之性质。今人肄业专门学校，学成任事，此固势所必然。而在大学则不然，大学者，研究高深学问者也……

二，砥砺德行。方今风俗日偷，道德沦丧，北京社会，尤为恶劣，败德毁行之事，触目皆是，非根基深固，鲜不为流俗所染……

三，敬爱师友。教员之教授，职员之任务，皆以图诸君求学便利，诸君能无动于衷乎？自应以诚相待，敬礼有加……

 IDEA 知识点

"链接点"是输入听众信息的关键。当你计划将自己的 IDEA（想法）植入听众心智时，必须根据 IDEA 精心设计好"链接点"。通常情况下，3 个链接点是最佳数量，但也要视具体情况而定。在 IDEA 演讲模型中，"链接点"分为 3 种类型：证明式链接点、诠释式链接点和展开式链接点。

02

证明式链接点，听众深信不疑

俞敏洪老师曾经作为央视著名节目《开讲啦》的特邀嘉宾，发表了一篇精彩演讲《相信奋斗的力量》。显而易见，俞老师想要传递的 IDEA（想法）是："奋斗是有力量的"。为了将这个 IDEA（想法）链接听众的心智，他讲述了几段人生经历，首先讲到的是自己的高考经历：

> 我高考（成绩）第一年出来以后，英语分数只考了 33 分。尽管当年这个录取的英语分数线也不高，最低的大专录取分数线，就是我们江苏一个地区的师范学院，只有 40 分，但是我只考了 33 分，差了 7 分。我就想如果我再努力一年呢，我也许就超过 40 分了，也许我就上这个大专了，所以我就边干农活边复习。当时农村连电灯都还没有，在煤油灯底下复习，我就是在高考复习的第二年，眼睛近视了。第二年去高考的时候呢，英语考了 55 分。我拿到这个分数就特别高兴，为什么呢？我想录取分数线是 40 分，我考了 55 分，那么我无论如何都能够进那个师范学院了。结果分数线下来以后，师范学院的英语分数线提到了 60 分，结果又差了 5 分。高考两次失败以后呢，反而让我增强了信心，我就觉得我非要考第三年不可，所以我就跟我母亲说，第三年我无论

如何都不干农活，一定要把每天所有的时间都交给我。当时我母亲就说我再给你一年时间，但是我们家确实很穷，第三年如果你再考不上的话，你就只能是老老实实回来当农民，所以我第三年就拼命了嘛。每天早上 6 点起来晚上 12 点睡觉，到第三年参加高考的时候，这个成绩一出来，我就发现我的成绩超过了北京大学的录取分数线。

俞老师的这段人生经历形成了一个链接点："不懈奋斗三次高考最终考上北大"。该链接点从逻辑上分析，是在证明俞敏洪老师的 IDEA（想法）"奋斗是有力量的"。**这类具有证明效果的链接点，在 IDEA 演讲模型中被定义为"证明式链接点"。**

著名健身教练 Will 因为一支健身操《本草纲目》几乎家喻户晓，但你可能不知道的是，Will 已经坚持做了近 10 年有关健身的演讲。2015 年，他发表过一篇精彩演讲《健身改变人生》，这篇演讲想要传递的 IDEA（想法）非常直接："健身可以改变人生"。为了将这个 IDEA（想法）链接听众，Will 讲述了三段真实生动的人生经历。在第一段经历中，Will 坦言曾经被身边的朋友嘲笑过，说自己是一只"白斩鸡"，而且打篮球的时候经常受伤："我常常在打篮球的时候，飞到空中被撞倒在地上，常常因为这样受伤，因为我没有力量能去抗衡撞击。"Will 想改变这一切，于是下定决心要健身。经过无比刻苦的训练，现在舞台上的 Will 已经是一个强壮的"肌肉男"。他在讲述这个经历的最后，特别强调了健身的作用："当我开始健身之后，我才发现健身对我的人生影响非常大，太多太多好处说不完。"在第二段经历中，他帮助很多朋友通过健身改变了生活，其中有一个是著名歌手 Jay。很多人不知道 Jay 身患遗传性僵直性脊椎炎，经常遭受病痛的折磨。Will 在演讲中这样描述："他常常晚上睡觉的时候，不能够像普通人一样躺着睡觉。他要坐着睡觉睡整晚。有时候我去敲他的房门，他从床走到门口，要走将近 10 分钟。各位，不是他的家有多大，是因为他走得非常慢，一般人只要 30 秒就可以了。当他疾病发作的时候，他在演唱会上面，疼痛得让他没有办法照常地去表演他的动作，甚至需要靠止痛药来撑完全场。"Will 实在不忍心好朋友再这样受煎熬下去，想通过健身的方式改变他。Jay 起初非常不愿意，两人之间产生对抗但最终被解决，Will 在演讲中这样说："前两年，因为我们一起制作《天台爱情》这部电影，我利用监制的身份，半威胁半鼓励，希望他来跟我一起练健身。他答应了。"他帮助 Jay 从最基础的训练开始一点点健身。因为 Jay 腰不好，使不上劲，健身过程非常痛苦，但最终还是坚持了下来。经过三到四个月的系统健身，Jay 开始了全新的生活方式，Will 兴奋地告诉听众健身对 Jay 的改变："更让我高兴的是，他开始从事各样的户外运动，他开始约朋友们一起到海边去游泳去冲浪，他开始喜欢爬山，喜欢去骑脚踏车。他的生活开始变得不一样了。这使我感到非常欣慰。"第三段经历最为激励人心，他在 2013 年参加了一个央视真人秀减肥节目，被节目组要求在 100 天之内帮助一群肥胖者快速减肥。Will 感到巨大的压力，这种压力不是来自减肥本身，而是来自这群人绝望的状态。他们尝试过了无数种健身方法，吃过无数的减肥药，Will 似乎担起了拯救他们生命的责任。其中有一位二十多岁的年轻人非常典型。这位年轻人在训练的过程中走十分钟就会吐，Will 一点一滴地建立起他的自信，让他看到健身成功后美好的生活。最后奇迹发生了，经过

100天的训练,这位年轻人成功地瘦了将近120斤。这不是重点,重点是这位年轻人还开创了自己的事业。Will在这段经历的最后,骄傲地说出健身给这位年轻人带来的巨大改变:"让我更感到欣慰的是,不只是他能过一个一般人的生活而已,而是他,从来什么工作都不做的他,竟然现在是一家减肥中心的老板。他拿出了信心,要开创出自己的事业。"

该案例中,Will讲述的3段人生经历呈现出3个证明式链接点:"我通过健身从'白斩鸡'变成'肌肉男'""我帮助好朋友Jay通过健身开启新的生活""我帮助一群人通过健身开启新的人生,其中一位年轻人甚至开创了自己的事业"。细心的你会发现,Will在讲述每段经历的最后都强调了健身对一个人的重大改变。这样的处理方式强化了链接点对IDEA(想法)"健身改变人生"的证明效果。任何一个人,只要听了Will的这篇演讲,就极有可能被这3个证明式链接点牢牢地拴住,开始接受他的IDEA(想法)"健身可以改变人生"。

南京申办青奥会形象大使小许曾经发表过一篇精彩演讲《国强则少年强》,该演讲是有关国家安全感的。她希望向听众传递的IDEA(想法)是:"国家安全感无比重要"。在演讲的主体部分,她讲述了几段刻骨铭心的经历,最先提到的是她在以色列机场的"遭遇"。小许所在的学院组织同学们去各个国家实地调研,她选择了中东地区的以色列,这个国家饱受战争灾难。在机场托运行李时,她和机场安检人员产生了冲突。在演讲中,她用非常生气的语气描述当时的状况:"以色列的安检人员对我进行了长达半个小时的盘问。你叫什么?姓什么?从哪里来?到哪里去?念过什么学校?做过什么工作?去过哪些国家?有过什么梦想?

写过什么论文？爱过谁？全部都要问。我觉得很被冒犯，因为我是一个普通的游客，你为什么要把我当成恐怖分子？"后来经过以色列同学的解释她才知道，以色列自1948年建国以来一直受到国际上各种恐怖势力的袭击，机场只有通过这种严查的方式来排除危险。还有一件事令小许非常吃惊，飞机降落在以色列第二大城市特拉维夫时，乘客们齐刷刷鼓起了掌。同学又给她解释，以色列的每一趟航班，无论是国际的还是国内的，只要安全着陆，大家都会鼓掌，因为以色列老百姓对安全有一种执念。小许在这段演讲的最后，内心稍许沉重地说："他的话让我意识到，没安全感对于一个国家和他的国民而言，是一种怎样的体验？"

该案例中，小许讲述的这段真实经历形成了一个证明式链接点："没有安全感的以色列民众生活在忧恐之中"。该链接点充分证明了她此次演讲的IDEA（想法）："国家安全感无比重要"，同时将其与听众的心智链接在了一起。

中国台湾著名执业律师林律师，一直热心参与法律公益活动。为了帮助更多人去正确对待"改过自新"的人，他发表了一篇令人深思的演讲《正义的温度》。林律师想要传递的IDEA（想法）十分明确："正义是需要温度的"。整篇演讲几乎都是在讲述一个年轻人的经历。在演讲的开始阶段，林律师直言在自己的执业律师生涯中，有个年轻人让他一直挂记心中。他在演讲中回忆："第一次看到他是在九年前，那年他十六岁，因为偷窃而被起诉，之后我和这个年轻人结下不解之缘……"林律师口中提到的这个年轻人九年间屡次犯罪，一次比一次严重，从偷窃到诈骗再到抢劫。林律师前面几次都苦口婆心地劝他要走正道，当得知年轻人犯下抢劫罪时，他怒不可遏。在演讲中，林律师生动地描述他当时的状态："我严厉地对他说你为什么总是不学好，你以为你在打电动玩具，把犯罪当成是关卡破了一关再挑战下一关吗？"这位年轻人非常委屈，觉得世界对自己不公平。他伤感地说，不论是学校里同学丢东西还是邻居家里遭小偷，大家都怀疑是他干的，父母骂他给家里丢脸，是一个不孝子，毕业后连一份像样的工作都找不到。最为讽刺的是，年轻人已经习惯和那些以前一起共同犯案的朋友混在一起，因为没人会怀疑他，指责他。这次面谈，年轻人刚开始近乎乞求林律师，帮他避免牢狱之灾。但令林律师万万没想到的是，年轻人突然主动选择了进监狱，说监狱才是自己该去的地方。几年后，林律师收到了年轻人的来信，在信中，他说监狱的辅导员教他唱了一首英文歌，歌词讲述的是美国的一个真实故事："从前美国有一个犯了错的人，在即将出狱之前写信给他的妻子，他说如果你仍然愿意接纳我的话，就请在房子前最大的那棵树上系上一条黄丝带。如果我没有看到那条黄丝带代表你已经不再等我，那么我会安静地离开。后来他出狱回家坐在公交车上，他把这件事情告诉司机以及其他乘客，请他们帮帮忙看看树上有没有黄丝带，因为他没有勇气抬起头来亲眼看见被爱人放弃的事实。后来车子慢慢经过那棵大树，忽然间全车的人都欢呼起来，原来妻子原谅了他，在树上系了满满的黄丝带。"年轻人告诉林律师，他出狱后将会先当一个街头艺人，等挣够了钱就去一个没有人知道他过去的地方。林律师在讲述这段经历的最后，颇为感慨地说："九年来看着他长大，从一个青春飞扬的少年转变成一个落寞苍白的青年，我想如果在十六岁的那一年，有人曾经对他伸出一双温暖信任的手，那么或许这个年轻人会有完全不一样的人生。"

该案例中，林律师通过讲述一段长长的经历，向听众呈现了一个证明式链接点："如果有人向这位屡次犯罪的年轻人伸出一双温暖信任的手，他或许有完全不一样的人生"。通过这个证明式链接点，林律师将他的IDEA（想法）"正义是需要温度的"与听众的心智进行了有效的连接。

2023年，温暖睿智的董宇辉老师频频出现在各大媒体，最近他受央视邀请发表了一篇激动人心的演讲《定力，决定了你能走多远》。在演讲中，他仔细剖析了自己一路走来最终成就一番事业的底层原因，传递出一个强烈的IDEA（想法）："一个人的定力决定他最终能走多远"。以下是他这篇演讲的精彩部分：

> 很多同学可能会经历过这样的情况：经过一年多的练习，后来终于得到了一次机会，被认可。接下来，如果你依然默默无闻，但你还一直持续专注，请你要不断地暗示自己，你做的是对的事情，这是一个人的定力。一个人的定力最终能决定他走多远，它跟聪明没有太大关系。而且特别聪明的人，总是计算投入和产出比，一旦发现效率很低，立马就撤了。在一个人的成长过程，或者一家公司，或者一个组织，但凡遇到困难的时候，跑得最早的都是聪明的。像我这种傻子，还没反应过来，人都跑完了。所以往往坚持到最后的，并不是聪明人。聪明很多时候是智慧的天敌。记住这句话，定力很重要，不要想太多。

董宇辉老师的上述演讲内容形成了一个证明式链接点："有结果的人往往是有定力的人"。同时，该内容生动地解释了他的IDEA（想法）："一个人的定力决定他最终能走多远"。

🎤 IDEA 知识点

证明式链接点主要分为：经历型证明和解释型证明。在本节前面俞敏洪的演讲案例中，"不懈奋斗三次高考最终考上北大"属于经历型证明；董宇辉老师"有结果的人往往是有定力的"属于解释型证明。"证明式链接点"常见于自我介绍、竞选竞聘、商务演讲、主题演讲等演讲类型。

演讲者通过讲述经历的方式建立证明式链接点，这类证明在 IDEA 演讲模型中被定义为"经历型证明"。在一篇演讲中，如果采用"经历型证明"，你通常需要讲 2~3 段经历。如果仅讲述一段经历，该经历一定要蕴含巨大的"转折点"。比如，林律师演讲中的那位年轻人，面谈刚开始时，他近乎乞求林律师帮助他打官司，然后突然说监狱才是自己该去的地方。"经历型证明"常见于商务演讲、主题演讲。

"经历型证明"的 6 个关键特征

经历型证明是证明式链接点的一种，本质上是演讲者通过讲述自己的经历将其 IDEA（想法）链接听众的信息场。你讲述的经历信息能量越高，刺激性就越强，听众呈现的连接态越显著。一个优秀的"经历型证明"最好具备以下 6 个特征，其中最后一个是必不可少的。

1. 情绪性

情绪是具有高能量的，情绪本身是一个人的信息场剧烈波动的外在具体呈现。演讲者在讲述经历时，如果加入自己的情绪，就更能够影响听众的信息场。情绪越强烈、越真实，语言信息能量就越高。比如，俞敏洪得知自己高考英语考了 55 分时说："我拿到这个分数特别高兴。"Will 看到

Jay 因为健身改变生活时说："这使我感到欣慰。"小许遇到以色列安检人员盘查时说："我觉得很被冒犯。"

2. 关联性

关联性指的是听众能够从演讲者的经历中关联到自己。经历型证明的目的是链接听众的信息场，形成连接态。倘若听众可以从你的经历联想到自己，其信息场将主动与你的经历产生连接，链接效果将大大增强。很多励志演讲之所以打动人，是因为听众感觉自己有着和演讲者类似的经历。所以，演讲者在讲述经历时，尽可能站在听众的角度，给出让听众感觉与自己有关的场景。比如，俞敏洪描述的高考出分场景，基本上每个高考生都经历过，大家很自然地联想到自己当年高考的情形。

3. 直白性

直白性指的是演讲者描述经历时语言尽量直白，越直白的语言越有画面感，信息能量越高。比如，"我很思念她"的效果不及"我恨不得立刻出现在她的面前"。此外，讲述经历时不要出现"首先""总结来说"等逻辑词。比如，"首先，我想分享自己的一个童年经历""总结来说，这次教训非常深刻"。如果加入逻辑词，演讲者释放的信息流就不会很顺滑，演讲画面感容易被破坏，从而导致听众信息场产生的"连接态"出现间断性裂缝。电影之所以吸引人，是因为电影的信息表达很直白，画面感强。

4. 细节性

细节性指的是演讲者突出描述经历中的某个细节。细节越清晰，语言信息能量越高。俞敏洪在描述当年备战高考条件艰苦时说："当时农村连电灯都还没有，在煤油灯底下复习。"Will 在描述自己健身之前身体素质非常糟糕时说："我常常在打篮球的时候，飞到空中被撞倒在地上。"他在描述 Jay 病痛发作导致身体行动不便时说："有时候我去敲他的房门，他从床走到门口,要走将近 10 分钟。"小许在描述被以色列安检人员盘查时说:"以色列的安检人员对我进行了长达半个小时的盘问。你叫什么?姓什么?从哪里来?到哪里去?念过什么学校?做过什么工作?去过哪些国家?有过什么梦想?写过什么论文?爱过谁?全部都要问。"这些细节性的描述会强烈刺激听众的信息场,增强链接效果。

5. 冲突性

冲突性指的是两种不同力量不同程度的对抗。对抗性越强,语言信息能量越高。对抗主要分 3 种:意见对抗、行为对抗以及态度对抗。俞敏洪的演讲案例中出现了他和他母亲之间的"意见对抗":俞敏洪满怀希望决定再冲刺一次,母亲态度消极,只给他最后一次机会,考不上就回来种田;Will 的演讲案例中出现了他和 Jay 的"行动对抗":我利用监制的身份,半威胁半鼓励,希望他来跟我一起练健身;小许演讲案例中她和机场安检人员的"态度对抗":我是一个普通的游客,你为什么要把我当成恐怖分子?

6. 证明性

证明性指的是演讲者讲述的经历一定要具备证明效果,能够充分证明演讲者想要传递的 IDEA(想法)。如果经历不能产生证明效果,即使再精彩,在逻辑上也是失败的。比如,俞敏洪案例中描述的经历形成了一个证明式链接点"不懈奋斗三次高考最终考上北大",这个链接点可以直接证明他的 IDEA(想法)"奋斗是有力量的"。同样道理,Will 讲述的每段经历形成的链接点都是在证明他的 IDEA(想法)"健身可以改变人生"。设想一下,Will 在讲述第一段经历时,如果他一直强调自己健身之后的身材有多好,拿了很多荣誉,形成的链接点将会变成:"我现在是一位知名型男"。这对"健身可以改变人生"的证明性会大打折扣。大部分演讲者在讲述经历时，容易陷入自己的个人光环，忽视演讲内容形成的链接点是否具备充分的证明性。

"经历型证明"在演讲中的应用
经历型证明——商务演讲

小柳是一个煲汤品牌的创始人，去年她报名参加了一个区域性项目路演，希望可以拿到一笔投资。小柳对这次商务演讲充满了信心，因为客户们特别爱喝她煲的汤，喝了都说好。在项目路演过程中，为了证明自己的产品与众不同，小柳一直强调产品的原材料非常正宗，制作过程极为精细，还晒出了各种相关数据。令她感到郁闷的是，现场评委似乎不太感兴趣，其中一位评委甚至在路演结束后，对她说："我平时不怎么做饭，对你列出的原材料和技术数据也不太懂，所以很遗憾，我选择放弃。"

在现实生活中，我碰到过很多类似小柳的案例。为什么会出现这样的情况？原因只有一个，这些演讲者都"沉迷"于自己的技术，错误地将评委们当成了专业人士。他们认为只要自己能够将先进技术展现得特别全面，评委们就一定会很感兴趣，给予高度评价。但大多数情况是，评委们听得云里雾里。

路演失败后，小柳参加了我的商业领袖演讲训练营。经过我的全面辅导，小柳采用了"经历型证明"的方式，讲述了一段自己的创业故事：

我创立这个品牌缘起我和我先生的爱情。5年前，我们在上海徐汇区同一栋大楼上班时偶遇，然后认识了对方，不久就开始谈起了恋爱。那个时候，他的胃不太好，经常吃不下饭，甚至有时候晚上会疼醒。我经常在旁边看着他难受的样子，心里超级难受，但却丝毫没有办法。我很爱他，当得知喝汤对胃有好处，我就开始学习煲汤。一开始我什么都不懂，一点点摸索。首先呢，我认为正宗的原材料至关重要，因为它会决定汤的品质；其次就是熬制的技术，包括火候、时间等。摸索的过程中失败了很多次，有一次差点把厨房烧着，我先生劝我放弃，但我就是要坚持，最后终于成功了。特别让我开心的是，我先生自从喝了我熬制的养胃汤，胃渐渐地不疼了，而且胃口好得不得了。后来，我尝试熬制各种汤，然后把这些熬汤的视频发到了网上，没想到很多人给我点赞，问哪里可以买到。于是，我干脆租了一间门面，开了自己的第一家汤店，供应60多种汤品，满足顾客不同口味和用途的需求。我的客户越来越多，很多都是回头客，于是我选择了开分店。目前我的分店已经发展到了5家，我也创立了自己的煲汤品牌。

在修改了自己的商务演讲之后不久，小柳参加了一个全国性创业大赛。现场评委们被她的创业经历深深地吸引，不仅了解到她的汤品质量非常好，更重要的是大家对喝汤产生了浓厚的兴趣。不出所料，小柳成功地拿到了一笔不菲的投资。

婚礼自媒体创始人小琰参加了一档创业融资节目《合伙中国人》。她自信地面对多位商界大佬，发表了一场出色的商务演讲，最终获得了真格基金徐小平和58同城姚劲波的联合投资。小琰在演讲的核心部分，生动地描述了她的浪漫创业经历：

我自己辞职创业的契机，是因为我的初恋。我跟我老公是在1999年，我们俩12岁的时候相识，在800人的操场上一见钟情。

我们的婚礼是在 2014 年举行的,那场婚礼上的所有东西,全部都是由我自己 DIY 而成。婚礼之后,我把整个过程写成了一篇文章,放到网络上,结果没想到这篇文章让我变成了一个网红新娘……

经历型证明——主题演讲

经历型证明在主题演讲中尤为多见,目的是让听众接受演讲者传递的观点。本节前面俞敏洪、Will 等演讲案例皆是如此。再看一个例子,华中师范大学小瑾同学在第三届国际商学院演讲挑战赛总决赛中,发表了一篇精彩演讲《一个平凡人的"花样"人生》。她希望通过这篇演讲,向听众传递的 IDEA(想法)是:"一个人的人生可以有多个角色,而且都可以做得很出色"。为了证明这个 IDEA(想法),她讲述了 3 段充满正能量的人生经历。以下是第一段经历:

> 在职业工作中,我是一位教师。还记得我当年第一次踏上讲台的情形,虽然手和脚会忍不住地哆嗦,但是眼神却一直在关注着每一个孩子。那一年的课程结束后,有一个可爱的小女孩走到我的面前,用高兴的眼神看着我说:"Vivi 老师,我特别喜欢您的课程。"然后递给我一份礼物——我的画像。线条特别简单,但是对我的特征却把握得非常到位,她还特意写了一句"亲爱的大眼睛老师,希望您的牙齿天天晒太阳"。就是她这么一个小小的举动,却如暖流一般涌入我的心中,让我感受到,我能够做老师是一件非常幸运的事情。我也保持这份初心,从几万人的教师团队中突围,成为集团仅有的十几位中级教学培训师。

这段演讲形成了一个证明式链接点(经历型):"保持初心,我成为一名优秀的培训师"。此外,她的其他两段人生经历形成了另外 2 个链接点:"不断学习,我成为一名优秀的妈妈""敢于挑战,我成为一名优秀的跑者"。这 3 个链接点合在一起,轻松地将小瑾的 IDEA(想法)"一个人的人生可以有多个角色,而且都可以做得很出色"与听众的心智进行了链接。

演讲者通过解释说明的方式建立证明式链接点,这类证明在 IDEA 演讲模型中被定义为"解释型证明"。解释型证明常见于自我介绍、竞选竞聘、商务演讲、主题演讲。

"解释型证明"在演讲中的应用

解释型证明——自我介绍

自我介绍时使用解释型证明,目的是充分证明自己(包含项目或产品)的价值。小吴同学参加某顶级名校 MBA 复试时,他是这么说的:

> 接下来,我将从三个维度概括我自己:第一,沟通力强,我能跨部门与不同背景的员工高效沟通……第二,执行力强,我能对领导提出的要求总是第一时间给出答复……第三,共情力强,我能与普遍比我年长的下属建立和谐的上下级关系……

在第一章第 1 节健身教练小曾的演讲案例中,小曾为了通过自我介绍推广自己的产品,采用的也是解释型证明的方式。回顾一下:

> 首先,专业性。我是国际认证健身教练……其次,服务好。我的课程有终身课后指导……最后,价格低。我的全套课程只需 199 元……

解释型证明——竞选竞聘

竞选竞聘时使用解释型证明,目的是充分证明自己能够胜任目标岗位。比如,小吉竞选某商学院 MBA 联合会主席时,他是这么说的:

> 我认为我有 3 点优势可以胜任这个岗位。第一,组织能力强。我曾经组织过多个大型活动……第二,沟通能力强。我善于倾听同学们的需求并且及时做出有效回应……第三,商学院资源丰富。我和全国近 30 所商学院的领导老师保持着良好关系……

解释型证明——商务演讲

商务演讲时使用解释型证明,目的是让听众充分了解项目或产品的优势。例如,小高(化名)是一名出色的工业设计师,他自主创业成立了某设计平台。一次项目路演时,为了让听众接受他的观点"某设计平台值得投资",小高通过下面的演讲内容对其观点进行了解释型证明。他是这么说的:

> 为什么做这个平台呢?其实跟我的整个的人生经历是有很大关系的。我是工业设计科班出身,我是海尔集团小家电的前设计总监,也是中国十佳设计公司大业设计集团的前首席设计师。在我设计生涯的九年当中,我一共走访了四百家设计公司和三千家制造企业,打造了一千个上市的产品,其中有 500 个是行业的爆款,也被业界誉为"爆款王"。但是通过这种线下的模式,我觉得复制速度是非常慢的,于是我建立了某设计平台,我想把我打造爆款的经验,把我在设计一线、全球一线设计公司的创新的经验,以及在大企业里如何实现产品开发的经验,通过把它标准化、数据化、平台化,然后通过我来设计以及通过我的互联网的

运营,把它推向中国一些不会创新的中小型制造企业、产品公司和优秀的设计师。

再看一个例子,小志(化名)是某牛奶超级工厂的联合创始人,最近参加了一次重要项目路演。为了证明自己的观点"我的牛奶超级工厂值得合作",他是这么说的:

> 我们某牛奶超级工厂的优势有以下几个方面:首先是价格优势明显。因为我们是跟各大乳企签订的特供渠道、特供经销,享受的是特供价格……第二是落地简单、执行快、可复制。我们的门店不需要很豪华的装修,只要有一台冰柜、几个货柜,我们就能很快地开业……第三,我们有强大的会员体系。我们主推的299会员可以让消费者在一年里,每个月去我们门店领取一箱牛奶……

这段演讲包含3个证明式链接点(解释型):"价格优势明显""落地简单、执行快、可复制""我们有强大的会员体系"。这3个链接点充分证明了小志的IDEA(想法)"我的牛奶超级工厂值得合作",让他轻松赢得了现场所有资本方代表的支持。

解释型证明——主题演讲

主题演讲时使用解释型证明,目的是让听众充分理解演讲者传递的观点。小董老师在著名演说类节目《我是演说家》中,发表了有关教育意义的精彩演讲,并获得了该节目的年度总冠军。他希望传递的观点是"教育是为了提升认知"。在演讲的高潮部分,小董老师是这么说的:

> 曾经我们说读书无用,才学与财富不成正比造就了这个社会浮躁的状态。然而什么都可以浮躁,唯独教育不可以!教育是什

么？教育是社会良心的底线，是人类灵魂的净土！是立国之本，是强国之基！教育有啥用？教育就是帮助我们个人认知自己，帮助这个民族认知自己，我们才有可能掌握个人的命运，并且创造这个国家的未来。我们作为教育者，作为受教育者，要始终谨记，教育读书的终极目的：为天地立心，为生民立命，为往圣继绝学，为万世开太平！

这段激情澎湃的演讲呈现出一个证明式链接点（解释型）："教育是帮助个人认知自己，帮助民族认知自己"，该链接点有效地证明了小董老师的IDEA（想法）是"教育是为了提升认知"。

IDEA 演讲模型实战情景练习

假设你正在准备一场主题演讲，请根据此次演讲的IDEA（想法），尝试写下"证明式链接点"：

_____

_____

03

诠释式链接，听众瞬间心领神会

有些玩独木舟的斯堪的纳维亚人征服了斯堪的纳维亚的所有激流，他们认为他们也能驾驶独木舟征服北美洲的大漩涡，结果死亡率是百分之百。

美国投资家查理·芒格在一次重要演讲中，当他传递他的IDEA（想法）"陷入某种强烈的意识形态很危险"时，引用了上面这个小故事进行诠释。该故事形成了一个链接点："征服了斯堪的纳维亚所有激流的斯堪的纳维亚人却死在了北美洲的大漩涡"。**这类具有诠释效果的链接点，在IDEA演讲模型中被定义为"诠释式链接点"。** 值得特别注意的是，诠释式链接点和证明式链接点的差别在于：前者是为了帮助听众充分理解演讲者的IDEA（想法），后者是为了充分证明演讲者的IDEA（想法）是正确或者合理的。

孔融四岁的时候，和兄弟们一起吃梨，孔融挑了一个最小的梨子。大人们问他原因，孔融回答说："我年纪小，应该吃小的梨。"

第四章　植入精准的"链接"——输入听众信息

《孔融让梨》的故事大家都耳熟能详，很多父母为了让孩子明白"懂得谦让"的道理，通常选择给他们讲这个故事。《孔融让梨》的故事形成了诠释式链接点："孔融把大的梨子让给哥哥们"，这个链接点将父母的 IDEA（想法）"懂得谦让"与孩子的心智链接在了一起。

春秋战国时期，著名谋略家苏秦受人诬陷，他想告诉燕王自己因忠信而获罪。燕王不解，于是苏秦讲了一个故事：

> 古时有位小吏，长期在外当官。不幸的是，小吏的妻子和别人有染。眼看小吏快要回家了，他的妻子非常着急，于是找通奸之人商议，最后他们决定用药酒毒死小吏。小吏回家当日，其妻让小妾端药酒给小吏喝。小妾虽事先知道他们的奸计，但却不敢说出口，怕违抗女主人。小妾不想害死小吏，于是她假装失手将酒杯掉落在地上。小吏正欲欢饮妻子备好的酒，却看到酒洒满一地，心生怒火，就狠狠地打了小妾一顿。这位小妾因忠信而获罪。

苏秦引用了这个历史故事形成了诠释式链接点："小吏之妾因忠信男主人而被打"，巧妙地诠释了他的 IDEA（想法）"自己因忠信而获罪"。燕王不仅接受了苏秦的 IDEA（想法），还将其官复原职。

北大才女小刘在知名演说节目《超级演说家》中，发表了一篇励志演讲，获得了该节目第 2 季年度总冠军。小刘此次演讲的 IDEA（想法）是"寒门可以出贵子"。她在演讲的某一段引用了经典纪录片《人生七年》中主人公尼克作为案例。在演讲中，她非常动情地说："英国有一部纪录片，叫作《人生七年》。片中访问了十二个来自不同阶层的七岁小孩儿，每七年再去重新访问这些小孩儿。到了影片的最后，人们发现，富人的孩子还是富人，穷人的孩子还是穷人。"随后她提到里面的一个主人公尼克，尼克出生于贫寒家庭，通过自己的艰苦奋斗考进牛津大学物理系。28岁时，尼克移民美国，成为威斯康星大学的教授。小刘在这段演讲的结尾处，很感慨地说："可见，命运的手掌里面是有漏网之鱼的，而且，现实生活中寒门子弟逆袭的例子更是数不胜数。"

该案例中，小刘运用尼克案例形成了一个诠释式链接点："出身寒门的尼克通过自己的奋斗成为大学教授"，这个链接点生动地诠释了她演讲的IDEA（想法）："寒门可以出贵子"。

  我的一位朋友老诺（化名）是世界著名的两性关系专家，同时也是一名演说家。在一次演讲中，为了传递他的IDEA（想法）"男人需要家庭存在感"，他在现场邀请了4名男性听众和2名女性听众走上舞台。老诺分别让他们扮演夫妻、儿子、妻子的父母以及丈夫的男同事。老诺安排夫妻先手牵手站在台前，代表他们正过着幸福的生活。后来，夫妻生了一个儿子，老诺让儿子扮演者站在夫妻之间，同时将丈夫的一只手放在了妻子肩膀上，另外一只手放在了儿子肩膀上。在养育儿子的过程中，妻子处处数落丈夫（老诺此时正在表演）：不仅挣钱太少，连尿布都洗不干净。突然间，丈夫的手被老诺从妻子的肩膀上拿开。过了一段时间，妻子觉得丈夫根本就不会带孩子，干脆把自己的父母喊过来帮忙。此刻，丈夫在孩子肩膀上的另一只手也被老诺拿开了。这样一来，丈夫的双手在家里没有了可以安放的地方，整个人完全失去"存在感"。某天，丈夫在公司加班到很晚，一位男同事邀请他出去喝酒。刚开始，由于平时不喝酒，他婉言谢绝。但每次一回家都会遭到妻子的数落，丈夫想亲一下儿子也不让，妻子说带不好孩子就算了，别把外面的病菌传给儿子。慢慢地，丈夫感到心灰意冷。在同事的频繁邀请下，丈夫开始借酒消愁，时间一长竟然渐渐沦为了酒鬼，甚至整夜不回家。好在这样的状态没有持续太久，丈夫意识到自己身上肩负着家庭的责任感，他诚挚地向妻子道歉。妻子原谅了他，也对他多了一些宽容，家庭又回归到了当初的幸福。

该案例中，两性关系专家老诺非常智慧，他使用情景演绎这种具象化的方式，让听众身临其境。整个演绎形成了一个诠释性链接点："一位丈夫逐渐失去了家庭存在感，最终竟然沦为酒鬼"，生动地诠释了老诺的核心 IDEA（想法）"男人需要家庭存在感"。

IDEA 知识点

诠释式链接点主要分为：故事型诠释、案例型诠释以及具象型诠释。 在本节前面查理·芒格的演讲案例中，"征服了斯堪的纳维亚所有激流的斯堪的纳维亚人，却死在了北美洲大漩涡"属于故事型诠释；北大才女小刘演讲案例中的"出身寒门的尼克通过自己的奋斗成为大学教授"属于案例型诠释；两性关系专家老诺演讲案例中的"一位丈夫逐渐失去了家庭存在感，最终竟然沦为酒鬼"属于具象型诠释。"诠释式链接点"常见于团队激励、专题分享、主题演讲等演讲类型。

演讲者通过引用典型故事的方式建立诠释式链接点，这类诠释在IDEA演讲模型中被定义为"故事型诠释"。故事型诠释常见于团队激励、专题分享。

"故事型诠释"在演讲中的应用

故事型诠释——团队激励

团队激励时使用故事型诠释，目的是让听众被演讲者的观点充分激励。老潘是某所高中的教导主任，为了向全体学生传递观点"设立远大目标很重要"，他讲了一则寓言故事：

> 唐太宗贞观年间，有一匹马和一头驴子，它们是彼此认识多年的好朋友。贞观三年，玄奘大师相中这匹马，于是带它去往印度取经。一晃17年，这匹马驮着厚厚的经书回到长安城，完成任务后来到磨坊会见老朋友驴子。老马眉飞色舞地谈起这次旅途的经历：浩瀚无边的沙漠，高耸云霄的雪山，波澜壮阔的河流……不可思议的一切，让驴子双目发光，好生美慕！驴子感慨道："你的见闻太丰富了！那么遥远的路途，我连想都不敢想。"老马微微一笑说："我们走的距离其实是差不多相等的，当我向西域前进的时候你也一直在走。不同之处是，我和玄奘大师有一个伟大的目标，奔着这个目标始终如一地前进，所以我们走进了一个广阔的世界。而你一生只知道围着磨盘打转，所以永远也走不出这个狭隘的天地。"

这则寓言故事形成了诠释式链接点（故事型）："玄奘之马因目标远大而经历丰富，其友驴子因没有目标而困于狭隘的天地"，该链接点有效诠释了教导主任老潘的观点"设立远大目标很重要"。

再看个例子,有一家知名化妆品电商企业,创业初期条件非常艰苦。创始人老万为了激励团队成员"只有耐得住艰苦,才能有辉煌的未来",他转述了"阿里巴巴十八罗汉"之一彭蕾接受媒体采访时描述的故事:

> 有一次,有一个外卖小哥到了,把盒饭放好,探头一看,嘴里嘟囔着自己貌似走进了一个黑网吧。"阿里巴巴十八罗汉"之一彭蕾感到不解,拎着盒饭,站在房间门口往里一看,房间里的网线密密麻麻,东西也杂乱无章。里面的一帮人蓬头垢面,黑眼圈浓重,一看就是没睡好觉。可就是这支被外卖小哥嫌弃的团队,在20年后的今天,他们会成为一家市值几千亿美元互联网巨头的创始团队成员。

团队小伙伴们听完这段故事,浑身像被打了鸡血一样斗志昂扬。该故事形成了一个诠释式链接点(故事型):"'阿里巴巴十八罗汉'夜以继日地奋斗,换来20年后市值几千亿美元的企业",充分诠释了老万的IDEA(想法)"只有耐得住艰苦,才能有辉煌的未来"。

故事型诠释——专题分享

专题分享时使用故事型诠释,目的是让听众快速理解演讲者的专业观点。小管是一名时间管理培训师,她经常给学生们做专注力方面的讲座。为了传递观点"专注力很重要",小管每次分享都会讲下面这个小故事:

> 农夫清晨起床,告诉身边的妻子他要去农场。当他到了要开垦的土地时,发现机器缺油开不动了。农夫准备加油,但他突然想到早上忘了给家里的猪喂食,担心猪饿坏了,于是先决定跑回家把猪给喂了。农夫在回家途中路过仓库,看到一些发霉的土

豆,他打算把这些坏土豆扔掉。扔了几个之后,他又想起妻子几次提醒自己,家里的柴火快用完了。农夫赶紧跑向附近的柴火堆。当农夫走近柴火堆时,发现地上有一只鸡。他认出那是他自己的鸡,但是脚受伤了……农夫一大早就出门了,直到太阳落山才回来。忙碌了一天后,他极度疲惫,可结果是油没加、猪没喂、坏土豆没处理、柴火没带回,一件事都没干成。

这个小故事形成了诠释式链接点(故事型):"农夫因为不专注导致一件事都没干成",该链接点将小管的观点"专注力很重要"与听众的心智进行了高效的链接。

演讲者通过借助经典案例的方式建立诠释式链接点,这类诠释在IDEA演讲模型中被定义为"案例型诠释"。案例型诠释常见于专题分享、主题演讲。

"案例型诠释"在演讲中的应用

案例型诠释——专题分享

专题分享时使用案例型诠释,目的是让听众快速认同演讲者的专业观点。某保险代理人小冯为了拓展业务,经常做一些有关保险的专题分享。为了让听众认同她的观点"保险可以化解风险",小冯喜欢讲泰国国王买保险的案例:

帕拉贾德希波克曾担任泰国国王,他一生中最被人称道的事情,居然是在地位声望达到巅峰时为自己买了失业保险。1925年,帕拉贾德希波克登基成为泰国国王,可是他每天都过得提心吊胆,害怕有朝一日被政敌废黜,成为一个一无所有的老百姓。

这种担心不无道理。执政之后，帕拉贾德希波克政绩平平，甚至可以说是毫无建树。为防未来不测，他同时向英国和法国的两家知名保险公司投了失业保险。那两家保险公司刚开始非常吃惊，头一次遇到国王为自己亲自投保的。但为了借机提升公司影响力，两家公司都欣然接受了帕拉贾德希波克的投保，开出了数目相当可观的保单。结果证明了帕拉贾德希波克极有先见之明，1935年，他被人从王位上赶了下来，成为一个普通平民。但由于两家知名保险公司为他支付丰厚的失业保险金，帕拉贾德希波克依然过着非常优渥的生活。

案例型诠释——主题演讲

主题演讲时使用案例型诠释，目的是让听众深度理解演讲者的观点。在本节前面北大才女小刘的演讲案例中，《人生七年》中尼克的案例属于案例型诠释，使得听众深度理解"寒门可以出贵子"。再看一个例子，小董老师在有关教育意义的演讲中，使用了一个特别有趣的网络段子：

> 前段时间网上流行过一个段子说："我们之所以要多读书，多受教育，就是当看到湖面上有一群鸟飞过的时候，我们能吟诵出'落霞与孤鹜齐飞，秋水共长天一色'，而不是在那儿吵吵，'快看，全都是鸟'！当我们去戈壁旅游，骑着骏马奔腾之时，心中默念着'大漠孤烟直，长河落日圆'，而不是在那儿喊'哎呀妈呀，都是沙子，快回去吧'！"当然这是一种调侃，但是不自觉间就道出了教育的核心含义——教育，不仅是为了传授给人以知识，更是提高个人的修为，增强我们对于生命的感悟，从而更好地认知自己，并且不断地提升自己！我认为，这是教育的核心目的，也是指引我们前行的希望的明灯！

上面这段演讲中，网络段子起到的作用是案例型诠释，生动地诠释了小董老师的观点"教育是为了提升认知"，同时将其与听众的心智链接在了一起。

演讲者通过具象化演示的方式建立诠释式链接点，这类诠释在IDEA演讲模型中被定义为"具象型诠释"。具象型诠释常见于专题分享。

"具象型诠释"在演讲中的应用

具象型诠释——专题分享

专题分享时使用具象型诠释，目的是让听众快速明白抽象的概念。比如，一位著名的哈佛教授在讲解"永远不要丢弃自己的价值"时，他是这么做的：

> 教授从口袋里掏出20美元，问在场的学生："你们谁想要这20美元？"大家纷纷举手表示想要。教授接着说："我会把它给你们其中的一位，但我首先要这么做。"只见他把20美元揉成了一个纸团，继续问大家谁想要，学生们依然举手。接下来发生的一幕让大家更为吃惊，教授将20美元扔在地上用脚使劲踩，然后再捡起来问谁想要，同学们仍然继续举手。教授郑重地说："同学们，我刚给你们上了一节很重要的课，无论我对这笔钱做了什么，你们还是想要它，因为它从未失去自己的价值，它还是20美元。我们生活中常常会有这样的时候，感觉生活把我们按在地上摩擦，我们可能做了糟糕的决策或者处理得差劲的情况。有时候，生活甚至让我们觉得自己一无是处，但无论现在或未来发生什么，永远不要丢弃自己的价值，千万记得这一点。"

哈佛教授的这段演示形成了一个诠释式链接点:"无论我怎么糟蹋这20美元,你们还是想要它,因为它从未失去价值",无比形象地诠释了他的 IDEA(想法)"永远不要丢弃自己的价值"。如果你正在准备一场专题分享,可以考虑使用具象型诠释去讲解一个抽象概念。

IDEA 演讲模型实战情景练习

假设你正在准备一场专题分享,请根据此次演讲的 IDEA(想法),尝试写下"诠释式链接点":

_____

_____

04

展开式链接，听众愿意步步跟随

小琪是一家五星级酒店的客户经理，由于工作表现出色，领导经常安排她给员工做培训。最近小琪做了一场专题分享《赢得顾客的芳心》，她希望传递的IDEA（想法）是"高效处理客户投诉的技巧"。在演讲的链接部分，她是这么说的：

> 我们可以通过3个步骤高效处理客户投诉：第一步，倾听意见。我们要保持足够的耐心，认真倾听客户意见……第二步，抓住要点。我们要快速抓住投诉要点，同时判断投诉是否合理……第三步，提供方法。为合理投诉提供解决方法……

在该段演讲中，小琪重点提到的"3步走"即她这篇演讲的3个链接点。从逻辑上看，这3个链接点是对小琪的IDEA（想法）"高效处理客户投诉的技巧"进行的有效展开。**这类具有展开效果的链接点，在IDEA演讲模型中被定义为"展开式链接点"。**

华为创始人任正非在一次内部讲话上，向集团管理人员传递了一个IDEA（想法）："知识型劳动者的欲望可以被分为五个层面。"任正非采用了展开式链接的方式，将他的IDEA（想法）与现场听众的心智链接在了一起。在讲话中，他是这么说的：

第一,物质的饥饿感。绝大多数人甚至可以说每个人都有最基础层面的对物质的诉求,员工加入到企业,最直接、最朴素的诉求就是财富的自由度……第二,安全感。这是人类与生俱来的一种本能性的需求,人的一生多数都处于一种不安全状态,越是杰出人物、领袖人物,内心的不安全感越强烈……第三,成长的愿望与野心。越是智力层面高的人,领袖欲望、野心的张力越强大……第四,成就感。被社会认可,被大众认可的欲望……第五,使命主义。只有极少数人是拥有超我意识的使命主义者,乔布斯是,我任正非大概也属于这一类人。

任正非的讲话包含了多个展开式链接点:"物质的饥饿感""安全感""成长的愿望与野心""成就感""使命主义"。这些链接点高度凝练,将他的 IDEA(想法)"知识型劳动者的欲望可以被分为五个层面"与听众的心智进行了精准的链接。

西安交通大学校长王树国被同学们称为"宝藏校长",他每次在新生开学典礼上的主题演讲都极有水平,不仅风趣幽默而且思想深远。在2020级研究生开学典礼上,王校长发表了一篇催人奋进的主题演讲,他满怀热情地向同学们传递他的 IDEA(想法):"如何成为一名优秀的人"。以下是王校长此次演讲的主要内容:

第一,大学要有灵魂,我们每个学生要做一个有灵魂的人。总书记多次强调,一个国家、一个民族不能没有灵魂。一个没有灵魂的国家和民族是注定要消亡的。灵魂指的是什么?灵魂是精神,是家国情怀……

第二,要做一个走在时间前面的人。我们很幸运,我们赶上了一个伟大的时代。很多世界著名的政治家、学者都在讲，我们遇到了百年未遇之大变局。第四次工业革命扑面而来，深刻地改变着这个世界，每一个人、每一个角落，都在经受着这种巨大的改变。而我们是亲身经历者，又是参与者……

第三，要做一个主动融入社会的人。这个时代给了我们很多机会，让很多年轻人能够脱颖而出。我们学校有一位老师，绰号叫"饭盒教授"，他不要任何经费，没有任何物质利益所求，默默地为社会服务。他在遥远的云南省，利用大数据技术造福一方社会。

该演讲中，王校长郑重地提出了3个链接点："做一个有灵魂的人""做一个走在时间前面的人""做一个主动融入社会的人"。这3个链接点是对该篇演讲核心IDEA（想法）"如何成为一名优秀的人"的高效展开，属于展开式链接点。

小博是一家知名培训企业的高管。去年年底，他被领导安排在公司年会活动上发表致辞。小博非常兴奋，思考了很久，最终定下来自己想要传递的IDEA（想法）："公司在奋斗中茁壮发展"。在演讲内容的核心部分，他是这么说的：

过去，从零开始，我们从一个只有3个人的小公司起步，老板带头去跑市场发传单……现在，初具规模，公司已经拥有一支200多人的团队，业务覆盖整个长三角地区……未来，前景美好，相信我们可以做得更好，我们一起努力将公司的业务推向全国……

小博的演讲呈现出了3个链接点："过去，从零开始""现在，初具规模""未来，前景美好"，这 3 个链接点充分展开了该篇演讲的 IDEA（想法）"公司在奋斗中茁壮发展"，属于展开式链接点。

 IDEA 知识点

　　展开式链接点主要分为：分解型展开和维度型展开。在本节前面华为创始人任正非的演讲案例中，"物质的饥饿感""安全感""成长的愿望与野心""成就感""使命主义"属于分解型展开；在培训企业高管小博的演讲案例中，"过去，公司起步艰难""现在，公司初具规模""未来，公司前景美好"属于维度型展开。"展开式链接点"常见于工作汇报、会议发言、竞选竞聘、活动致辞、专题分享、主题演讲等。

演讲者通过分解提炼建立展开式链接点，这类展开在 IDEA 演讲模型中被定义为"分解型展开"。"分解型展开"常见于工作汇报、会议发言、竞选竞聘、专题分享、主题演讲。

分解型展开的两个关键特征

分解型展开是指将你的 IDEA（想法）分解提炼成几个关键链接点，再将链接点的信息全面展开。展开式链接点（分解型）的信息能量越高，听众信息场的反应就越强烈，演讲者传递的 IDEA（想法）与听众信息场形成的"连接态"越显著。一个优秀的展开式链接点（分解型），至少具备以下两个关键特征中的其中一个。

1. 精炼性

展开式链接点（分解型）语言越精炼，信息能量越高。比如，在本节前面五星级酒店客户经理小琪的演讲案例中，小琪在分享《赢得顾客的芳心》时，提出3个链接点："倾听意见""抓住要点""提供方法"。每个链接点仅有4个字，高度概括且简短有力。

2. 聚焦性

展开式链接点（分解型）内容越聚焦，信息能量越高。比如，某医疗器械公司市场总监老孟向领导汇报工作时说：我将从"用户分析""广告策略""效果评估"3个方面汇报本次年终的活动市场推广方案。老孟将整个汇报内容聚焦成3个链接点，这样能够让领导快速抓住要点，做出及时反馈。

"分解型展开"在演讲中的应用

分解型展开——工作汇报

小沈是一家食品公司市场经理，由于岗位性质，他需要经常向老板进行工作汇报。工作中，小沈遇到一件令他苦恼的事情。老板特别忙，好不容易逮到他在办公室，刚汇报几句话就被老板打断了。比如，"老板，我向您汇报下最新工作进展，内容主要是关于本次市场调查"，老板头都不抬一下，草草地回复：我马上还有事情，这样，你先回去，找时间再汇报。

工作汇报的本质是将自己的工作成果链接公司上级的信息场。工作汇报时使用分解型展开，目的是让领导快速获取汇报内容的关键信息。上面案例中困扰小沈的问题，很多职场人士都会碰到。该如何解决呢？

首先，你要明白老板通常日常事务繁忙，他的信息场处于被"过度干扰"的状态。其次，在非正式汇报场合，比如在办公室或公司走廊碰到老板,如果想快速切入老板的信息场,你需要通过分解型展开的方式清晰直接地告诉老板关键链接点。在此之前,还必须要告知老板链接的时间长度,越短越好。只有这样,老板才会有耐心听你的工作汇报,他的信息场才有可能出现"连接态"。例如,上面案例中,小沈可以这样改进他的工作汇报:"老板,能不能占用您 5 分钟的时间,我向您简单汇报一下本次市场调查的客户反馈、竞争对手情况以及业务改进策略。"其中,"5 分钟"是链接的时间长度,"客户反馈""竞争对手情况""业务改进策略"是关键链接点。

在正式汇报场合,链接的时间长度可以适度增加,链接点包含的细节信息也需要更全面地呈现。例如,小沈在正式汇报时可以这么说:我将会花 8 分钟左右的时间,从 3 个方面汇报本次市场调查的结果,它们分别是:客户反馈、竞争对手情况、业务改进策略。第一,客户反馈……第二,竞争对手情况……第三,业务改进策略……

分解型展开——会议发言

会议发言时使用分解型展开,目的是让听众快速了解发言内容的关键要点。比如,行政主管小秋在听完领导会议讲话后,被领导点名发言谈谈想法,她非常清晰地说:

> 我准备从"认识""执行""思考"3 个角度,向大家分享下我的理解。不足之处,请领导指正。

分解型展开——竞选竞聘

竞选竞聘时使用分解型展开,目的是让听众充分知晓演讲者的工作计划。比如,小吉在竞选某商学院 MBA 联合会主席时,他是这么说的:

> 如果我有幸当选 MBA 联合会主席,我将从 3 个方面改善目前

的局面：第一，开展特色分享活动……第二，建立跨校交流机制……第三，组织参加全国性赛事，比如国演赛……

再看一个例子，老叶最近参与竞选一家全国知名品牌协会的会长，他在现场慷慨激昂地说：

> 我计划从 3 个方向开展工作：第一，定期开展高质量品牌活动……第二，走进优秀品牌企业参观交流……第三，提供会员单位品牌升级支持……

分解型展开——专题分享

专题分享时使用分解型展开，目的是让听众高效获得知识要点。比如，在五星级酒店客户经理小琪的演讲案例中，3 个展开式链接点（分解型）正是她专题分享的 3 个知识要点。再看一个例子，在本章第 1 节理财规划师小浩的演讲案例中，他是这么说的：

> 接下来，我将会用 10 分钟的时间和大家分享"如何科学守护你的个人财富"，总共 3 个要点，它们分别是："确定理财目标""明确投资期限""选择投资方案"。第一，确定理财目标……第二，明确投资期限……第三，选择投资方案……

该段演讲内容包含了 3 个展开式链接点（分解型）："确定理财目标""明确投资期限""选择投资方案"。这 3 个链接点即是小浩此次专题分享想要输出的知识要点。

分解型展开——主题演讲

在主题演讲时使用分解型展开，目的是让听众直接获取演讲内容的关键要点。比如，雷军在小米成立 12 周年的庆典上发表了一场精彩的演

第四章　植入精准的"链接"——输入听众信息

讲,该场演讲的 IDEA(想法)是"穿越人生低谷的感悟"。雷军采用了分解型展开的方式提炼了 3 个链接点:"遭遇困境""迷失彷徨""错失互联网"。

苹果公司创始人乔布斯在斯坦福大学毕业典礼上,发表了他一生中最经典的主题演讲。乔布斯此次演讲希望传递的 IDEA(想法)是"生命对我的启示"。乔布斯通过分解型展开的方式,将他的 IDEA(想法)分解提炼成了 3 个链接点:"把点连成线""爱与失去""有关死亡",然后讲述了每个链接点背后的人生经历。下面是第一个链接点"把点连成线"的精彩内容(由于该段演讲极具启发性,为了方便大家学习,故保留中英文全文):

> The first story is about connecting the dots. I dropped out of Reed College after the first 6 months, but then stayed around as a drop-in for another 18 months or so before I really quit. So why did I drop out?

> 第一个故事讲的是把点连成线。我在里德学院仅仅读了 6 个月就退学了,之后留在学校里旁听课程,又过了 18 个月左右,我选择彻底离开。我到底为什么退学呢?

> It started before I was born. My biological mother was a young, unwed college graduate student, and she decided to put me up for adoption. She felt very strongly that I should be adopted by college graduates, so everything was all set for me to be adopted at birth by a lawyer and his wife. Except that when I popped out they decided at the last minute that they really wanted a girl. So my parents, who were on a waiting list,

got a call in the middle of the night asking: "We have an unexpected baby boy; do you want him?" They said: "Of course."

故事要从我出生前讲起。我的生母是一名年轻的未婚在读研究生,她决定把我送给别人收养。她特别希望我被大学毕业生收养。因此,她做好了一切准备工作,等我出生就将我交给一个律师和他的妻子。始料未及的是,在我出生的那一刻,那对律师夫妇却决定收养一名女孩。所以,当时还在登记册上排队的我的养父母半夜三更时接到一个电话:"我们这儿有一个意外降生的男宝宝,你们想要吗?""当然!"对方斩钉截铁地回答。

My biological mother later found out that my mother had never graduated from college and that my father had never graduated from high school. She refused to sign the final adoption papers. She only relented a few months later when my parents promised that I would someday go to college. And 17 years later I did go to college. But I naively chose a college that was almost as expensive as Stanford, and all of my working-class parents' savings were being spent on my college tuition.

后来,我的生母发现我的养母根本没有上过大学,我的养父甚至连高中都没有毕业,她拒绝在最后的收养文件上签字。然而,没过几个月当得知我的养父母承诺日后一定送我上大学,我的生母最终答应了。17岁那年,我确实进了大学。当时天真的我选择了一所学费几乎和斯坦福大学一样昂贵的学校,我的父母是工薪阶层,他们毕生的积蓄都花在了我的大学学费上。

第四章 植入精准的"链接"——输入听众信息

After six months, I couldn't see the value in it. I had no idea what I wanted to do with my life and no idea how college was going to help me figure it out. And here I was spending all of the money my parents had saved their entire life. So I decided to drop out and trust that it would all work out OK. It was pretty scary at the time, but looking back it was one of the best decisions I ever made. The minute I dropped out I could stop taking the required classes that didn't interest me, and begin dropping in on the ones that looked interesting.

读了6个月后,我实在看不出在这上学的价值。我既不知道自己这一辈子想干什么,也不清楚这所大学将会如何帮我弄明白自己该干什么。在这儿,我就要花光父母一辈子省出来的血汗钱了。所以,我决定退学,而且我相信一切都会变好。当时做出这个决定时心里很恐慌,但现在回头看看,这是我曾经做过的最棒的决定之一。从退学那一刻起,我就可以不再选那些让我内心毫无波澜的必修课,开始旁听一些看上去有些意思的课程。

It wasn't all romantic. I didn't have a dorm room, so I slept on the floor in friends' rooms. I returned coke bottles for the 5 deposits to buy food with, and I would walk the 7 miles across town every Sunday night to get one good meal a week at the Hare Krishna temple. I loved it. And much of what I stumbled into by following my curiosity and intuition turned out to be priceless later on. Let me give you one example:

那些日子不怎么浪漫。我没有宿舍住,只能睡在朋友房间的地板上。我去退还可乐瓶,用那五分钱来买吃的。每个星期天晚上，我都要走七英里的路程穿过城市，到城那头的 Hare Krishna 寺庙吃一顿饱饭。我喜欢这种感觉。跟着好奇心和直觉所干的这些事情，有许多后来都成了无价之宝。我给你们举个例子：

Reed College at that time offered perhaps the best calligraphy instruction in the country. Throughout the campus every poster, every label on every drawer, was beautifully hand calligraphed. Because I had dropped out and didn't have to take the normal classes, I decided to take a calligraphy class to learn how to do this. I learned about serif and san serif typefaces, about varying the amount of space between different letter combinations, about what makes great typography great. It was beautiful, historical, artistically subtle in a way that science can't capture, and I found it fascinating.

当时，里德学院提供全国最好的书法课。整个校园里，每一张海报、每一个抽屉上的每个标签，上面的字都写得非常漂亮。因为当时我已经退学，不用去上那些常规的课程，我决定选一门书法课，学学怎么把字写漂亮。我学习了写带截线和不带截线的字体，依据不同字母组合调整其间距，以及如何将版式调整得美轮美奂。这是一种科学无法捕捉到的、融合历史性和艺术性的精妙。我对它如痴如醉。

None of this had even a hope of any practical application in my life. But ten years later, when we were designing the first Macintosh computer, it all came back to me. And we designed it all into the Mac. It was the first computer with beautiful

第四章 植入精准的"链接"——输入听众信息

typography. If I had never dropped in on that single course in college, the Mac would have never had multiple typefaces or proportionally spaced fonts. And since Windows just copied the Mac, its likely that no personal computer would have them. If I had never dropped out, I would have never dropped in on this calligraphy class, and personal computers might not have the wonderful typography that they do.

当时我没指望这些能在我的生活中有什么实际应用。但是，十年之后，当我们在设计第一台 Macintosh 计算机时，它一下子全部出现在我的脑海里。我们把这些东西全都设计进了 Mac。这是第一台有如此美妙字体的计算机。要是当年我在大学里没有学那门课，Macintosh 计算机将不会有那么多种字体或间距合理的字体。刚好 Windows 照搬了 Macintosh，否则个人电脑可能不会有这些字体。要是我从未退学，我决不会旁听这门书法课，个人电脑也将不会有现在这些绝妙的字体了。

Of course it was impossible to connect the dots looking forward when I was in college. But it was very, very clear looking backwards ten years later. Again, you can't connect the dots looking forward; you can only connect them looking backwards. So you have to trust that the dots will somehow connect in your future. You have to trust in something — your gut, destiny, life, karma, whatever. This approach has never let me down, and it has made all the difference in my life.

当然，我在大学里不可能站在未来角度将这些点串联起来。然而，十年回首，一切豁然开朗。同样，你们也不可能站在未来去串联现在做的每件事；只有回顾时，方能发现它们之间是有关联的。所以，你必须要相信，这些事在未来一定会以某种方式连接在一起。你们必须相信某些东西诸如你的勇气、命运、生命和因果报应。这个方法从未让我失望过，而且还让我的生活与众不同。

演讲者按照特定维度建立展开式链接点，这类展开在 IDEA 演讲模型中被定义为"维度型展开"。特定维度主要有：时间维度、地点维度、要素维度。"维度型展开"常见于工作汇报、会议发言、活动致辞。

"维度型展开"在演讲中的应用

维度型展开——工作汇报

工作汇报时使用维度型展开，通常采用时间维度和地点维度，目的是让工作汇报更有导向性。比如，某自媒体公司运营总监老胡在年度工作汇报时，采用了时间维度。他是这么说的：

> 第一季度，公司自媒体矩阵点击量达到 105 万人次，比去年同期增长 12%……第二季度，公司自媒体矩阵点击量再创新高，达到 168 万人次……

小莱是一家宠物玩具公司的销售经理，每次工作汇报时，她都习惯采用地点维度。比如，在最近的一次月度销售总结汇报中，小莱是这么说的：

> 在东北地区，我们保持了不错的增长态势……在华南地区，我们与去年同一季度基本持平……在西南地区，我们开发了 3 个新的县级市场……

维度型展开——会议发言

在第3届国际商学院演讲挑战赛总决赛的赛前会议上,我向全体成员做了一次会议发言:"本届总决赛规模空前,有来自全国100多所院校的优秀(E)MBA同学参与,我们必须120%的用心投入。第一,在接待方面,要像迎接自己多年未见的老朋友一样……第二,在比赛方面,比赛细节要不断彩排,不能出现任何差错……第三,在主题活动方面,大赛主题活动要确保大家充分社交……"

该案例中,我按照总决赛流程的3个要素"接待""比赛""主题活动"展开会议发言,这种展开维度属于"要素维度"。会议发言时采用要素维度,目的是深度阐述对特定对象的想法或建议。再看一个例子,某社交APP产品经理小程在公司内部会议上,就产品研发方面进行了发言:

我准备从3个方面谈谈我的想法:第一,界面风格。我们需要了解用户群体的教育背景、社会心理……第二,功能设计。我们需要掌握用户群体的底层诉求……第三,用户体验。用户在使用我们APP时不需要动脑子……

该会议发言中,"界面风格""功能设计""用户体验"是某社交APP产品的3个要素。小程按照"要素维度"展开方式,清晰地表达了自己对特定对象"某社交APP"的研发想法。

维度型展开——活动致辞

活动致辞时使用维度型展开,通常采用时间维度,目的是让听众产生代入感。比如，本节前面培训企业高管小博的演讲案例中，小博的活动致辞是按照时间维度"过去""现在""未来"进行展开的。再看一个例子，某商学院领导裴老师在开学迎新活动上，发表一番精彩致辞：

> 10多年前，由于咱们学院地处中国西部偏远地区，很多人对我们不了解……最近几年，经过学院领导老师和同学们的共同努力，我们在全国的影响力越来越大……不久的将来，我相信在座的同学们一定会取得骄人的事业成就，学院将以你们为荣……

裴老师的活动致辞呈现出了3个时间维度："10多年前""最近几年""不久的将来"，让现场同学们仿佛走进了学院这么多年的发展历程，同时内心也增添了一份责任。

IDEA演讲模型实战情景练习

假设你正在准备一场会议发言，请根据此次演讲的IDEA（想法），尝试写下"展开式链接点"：

_____

_____

演讲 PPT 设计——链接点

在本章第 2 节青奥会形象大使小许的演讲案例中，小许讲述了两段非常特别的人生经历。第一段是在以色列机场发生的。由于以色列经常遭到恐怖袭击，当她托运行李时，被以色列安检人员盘问了长达半个小时；当飞机平稳落地后，机舱内响起了热烈的掌声。第二段经历发生在她在哈佛大学求学期间。小许的叙利亚同学得知她毕业后要回到中国时，表达出强烈的羡慕。她说，虽然我们都是在美国留学，但我的身份是叙利亚难民，而你的身份是中国公民。

演讲者小许在讲述第一段经历时，她的演讲 PPT 只用了一张照片，照片呈现的是恐怖袭击之后的一片废墟。这片废墟成了第一段经历的背景图，使得听众在听她演讲时，更加能够深刻体会到她的链接点："没有安全感的国家，民众生活在忧恐之中"。在讲述第二段经历时，她在演讲 PPT 上放了一组照片，照片呈现的是几个眼睛里充满了恐惧的叙利亚难民小孩。这几张照片非常有效地帮助小许传递了另外一个链接点："没有安全感的国家，民众活得没有尊严"。

在 IDEA 演讲模型中，主题演讲采用 3 种链接点：证明式链接点、诠释式链接点和展开式链接点。演讲者选择不同种类的链接点，就意味着使用不同类型的 PPT 呈现方式去增强链接效果。其中，证明式链接点通常采用"纯图型（图片）"PPT。例如，在本节开篇的演讲案例中，小许通过展示一张废墟照片和一组叙利亚难民小孩照片，分别突显了两个证明式链接点："没有安全感的国家，民众生活在忧恐之中""没有安全感的国家，民众活得没有尊严"。

小何是一家电商企业的合伙人，去年参加了我在一个知名商学院的演讲讲座。讲座结束后，他主动要了我的联系方式。大概过了半个多月，小何给我发了一条信息，说自己被邀请到某个行业峰会上做一场主题演讲。他很珍惜这次机会，希望我能够帮助他讲得更加精彩。由于听过我的讲座，小何的问题很明确：他不知道链接部分的 PPT 该怎么去处理。经过简短沟通后，我了解到他希望传递的 IDEA（想法）是"电商让生活更美好"。小何在演讲主体部分讲述了一个案例，案例呈现出一个诠释性链接点："贵州的一个偏远山村因为电商发生了翻天覆地的改变"，其目的是让听众充分理解他的 IDEA（想法）。我建议小何找出这个案例的几个关键场景，然后选择几张最能突显这些场景的照片。

不出意料，小何的这次演讲大获成功。现场有听众反馈说，感觉自己像是看了一部院线大电影。这说明小何选择的这些照片辅助他精彩呈现了诠释式链接点，成功地将他的 IDEA（想法）"电商让生活更美好"植入了听众的心智。对于诠释式链接点，PPT 呈现方式通常采用"纯图型（图片）"。

第四章 植入精准的"链接"——输入听众信息

2022年12月31日，罗振宇在深圳市龙华区的深圳书城，发表了一年一度的跨年演讲《时间的朋友》，他希望给全国听众们传递的IDEA（想法）是"有启发的故事"。在演讲中，罗振宇讲述了22个故事。第一个故事的名字叫作《电动车与书店》，罗振宇讲述的是他受一个落魄创业者给电动车补窟窿事件的启发，下决心改变跨年演讲的风格，最终选址在书店的故事。

该案例中，罗振宇通过"展开式链接点"向听众精炼地呈现了22个故事，链接点即每个故事的名字。其中第一个链接点是"电动车与书店"。对于展开式链接点，PPT呈现方式通常采用"图字型"或"纯字型（文字）"。下面是罗振宇在讲述第一个故事时使用的"图字型"PPT：

再看一个例子。在第四章第1节理财规划师小浩的演讲案例中，小浩的专题分享使用了3个展开式链接点："确定理财目标""明确投资期限""选择投资方案"，将他的IDEA（想法）"科学守护个人财富的方法"与听众的心智链接在了一起。小浩直接采用"纯字型（文字）"PPT呈现方式突显了他的3个链接点，令现场的听众印象深刻（见下图）。

 IDEA 小结 ────────────────────────────

主题演讲"链接"部分的PPT设计主要取决于采用哪一种链接点:证明式链接点通常采用"纯图型(图片)"PPT;诠释式链接点通常采用"纯图型(图片)"PPT;展开式链接点通常采用"图字型"PPT或"纯字型(文字)"PPT。

第五章

塑造你的"融合"
——获取听众共鸣

检验一篇演讲是否达到了最佳效果，要看它是否引发了听众的共鸣。什么是共鸣？物理学给出的解释是：当两种物体的振动频率相同时，就容易发生"共振"，出现共鸣现象。在演讲过程中，演讲者想要引发听众的共鸣，需要促使听众信息场与演讲者的 IDEA（想法）同频。为了达到这样的演讲效果，演讲者必须塑造一个与其 IDEA 对应的信息空间。如果听众愿意走进这样的信息空间，就会形成"融入态"，其信息场将立刻与演讲者的 IDEA 发生同频共振，产生强烈共鸣。

01

有空间，才会有共鸣

我有一个做房产销售的朋友叫小峰，已经连续几年蝉联他所在公司的销售冠军。很多人向他取经，他都非常坦诚地回答："我有一个杀手锏'样板房'。"听到这个答案，你可能觉得很普通，但重点是他接下来说的话："只要客户进了样板房，我就有十足的把握让客户定下房子。样板房是一个空间，这个空间多么漂亮不重要。重要的是，我会瞄准客户的需求，把这个空间描绘成他未来喜欢的生活场景。只要客户对这样的生活场景产生共鸣，那么他就极有可能做出购买的决定！"

该案例中，小峰的成功秘籍是塑造了客户未来想进入的空间，引发客户共鸣从而产生购买行为。对于一篇演讲，你需要在结尾部分构建一个与你的 IDEA（想法）对应的融合空间，如同上面案例中提到的"样板房"。如果你能够将你的融合空间塑造成听众想要的样子，听众愿意融入进去，就一定会产生共鸣。在 IDEA 演讲模型中，"融合"的根本目的是"获取"听众的共鸣，从而引发听众的参与、支持或响应。所以，IDEA 演讲模型中"融合"对应的英文单词是 Acquire，中文翻译是"获取"。一旦演讲者获取了听众的共鸣，就意味着已经成功将 IDEA（想法）植入了听众的心智。

演讲展开第四步，塑造 IDEA（想法）对应的融合

在第二章第 1 节自由职业者若兮的演讲案例中，若兮想要将"和我一起旅行很愉快"的 IDEA（想法）植入听众的心智。根据 IDEA 演讲模型，第一步：她成功地在听众心智中建立起了自己的高能量"印象"，听众的信息场呈现"激活态"；第二步：她唤醒听众产生了听下去的"欲望"，听众的信息场呈现"渴望态"；第三步：她将自己的 IDEA 与听众心智产生了链接，听众的信息场呈现"连接态"。我们一起回顾一下她是怎么说的：

> IDEA（印象）：大家好，我叫若兮，来自四川成都。我是一名旅行达人，去过全世界 36 个国家，包括叙利亚、南非和挪威等。
>
> IDEA（欲望）：如果有机会我们一起去旅行，我会让你感受到前所未有的旅行体验。
>
> IDEA（链接）：第一，我是一个规划达人。每次旅行前，我都会把行程规划得清清楚楚，绝不漏掉任何一个著名景点；第二，我是一个美食猎人。我总能搜寻到当地最有特色的美食；第三，我是一个省钱专家。旅行的每一分钱都花在该花的地方，而且，能不花钱的绝不花钱。

完成 IDEA 演讲模型前三步之后，若兮到达最后一步，她需要构建一个与其 IDEA 对应的融合空间。在得到我的指导之前，她是这么说的：

> 希望能和大家交个朋友，以后有机会一起旅行！

第五章 塑造你的"融合"——获取听众共鸣

这是绝大多数人自我介绍时的习惯性结束语,该类结束语几乎没有任何实质性作用。学习了 IDEA 演讲模型之后,若兮做了非常大的改进:

下个月 18 日,我组织了一场自驾稻城的旅行,有感兴趣的,和我一起吧!

这个结尾成功地塑造了未来的"融合",其中包含两个融合点:"下个月 18 日""自驾稻城的旅行"。这两个融合点构成了一个清晰的融合空间。如果听众愿意进入这个空间,若兮就顺利获取了听众的参与,最终将她的 IDEA(想法)植入了听众的心智!

在第三章第 1 节理财规划师小浩的演讲案例中,小浩希望将他的 IDEA(想法)"科学守护个人财富的方法"植入听众的心智。他已经完成了 IDEA 演讲模型中的"印象""欲望""链接"部分。最后一步他需要获取现场听众的参与,但他想不出合适的融合空间。在我的建议下,小浩的公司专门设立了一个融合空间:"投资分析沙龙活动",该活动现在已经成了他公司最有效的客户转化方式。我们一起来看看小浩改进后的完整分享,尤其是结尾处的"融合"部分:

IDEA(印象):大家好,我叫小浩,我是一名理财规划师,来自某金融公司。在过去的 5 年里,我帮助 1000 多名客户实现资产大幅度增值。

IDEA(欲望):2 年前,我遇到过一个客户,受传统思维的影响,她喜欢把钱存在银行里。虽然每年会有利息,但由于通货膨胀,实际上她的钱已经缩水了好几万。后来我帮她做了理财规划,进行资产合理配置,现在她的资产不仅没有减值,而且几乎翻了一倍!

IDEA(链接):接下来,我将会用 10 分钟的时间和大家分享"如何科学守护你的个人财富",总共3个要点,它们分别是:"确定理财目标""明确投资期限""选择投资方案"。第一,确定理财目标……第二,明确投资期限……第三,选择投资方案……我们一起回顾一下今天分享的内容要点……

IDEA(融合):今天听完我的分享,希望大家会有所收获。我相信,只要你们积极运用我建议的理财规划方案,以后的生活就再也不用担心财富流失。如果有什么疑问需要进一步解决,我们公司会定期举办投资分析沙龙活动,到时欢迎大家的参与。

小浩在分享的最后塑造了一个融合空间:"不用再担心财富流失,而且如果有疑问可以参加投资分析沙龙的生活空间"。自从小浩使用了全新的演讲内容,每次分享结束后,都有不少听众咨询如何参加投资分析沙龙活动。这意味着听众愿意走进小浩塑造的融合空间,就很有可能被转化成客户。

2022年趣味健身操《本草纲目》火遍大江南北,原创人Will除了是一名健身教练,还是一位演讲高手。他曾经发表了一篇精彩的演讲《健身改变人生》,为其赢得了大量的忠实粉丝。演讲的结尾部分将整个演讲推向了高潮,原因是Will构建了一个美好的融合空间。他是这么说的:

你人生的下半场,你想过什么样的一个生活?你想每天起床围绕在你周遭的是医院、是医生、是护士,还是你的老婆跟孩子们;你每天想要穿自己喜欢穿的衣服,还是穿医院的病号服;你想有人推着轮椅带你去逛公园,还是你能够骑着脚踏车陪伴你的家人跟朋友四处地游玩,甚至你能够去环游世界。你的选择就决定了你的下半生!

该段演讲中,Will生动地构建了3个未来的融合空间:"每天起床围绕在你周遭的是老婆跟孩子们的生活空间""穿自己喜欢穿的衣服的生活空间""骑着脚踏车陪伴你的家人跟朋友四处游玩甚至环游世界的生活空间"。现场听众选择走进这样的融合空间，就等于接受了 Will 的 IDEA（想法）"健身改变人生"。Will 通过这篇演讲获取了互联网上大量听众的响应，于是听众变成粉丝跟他学健身。这些粉丝是他今天能够大红大紫的重要基础力量。

让这个国家获得自由的新生，让这个民有、民治、民享的政府与世长存！

美国前总统亚伯拉罕·林肯在 1863 年发表了一篇著名演讲《葛底斯堡演说》，上面这句话是他演讲时的结束语。葛底斯堡演说发表于美国南北战争时期，是美国历史上被人引用最多的演说。据史料记载，林肯当时想传递的 IDEA（想法）是"重塑美国"。演讲结尾的这句话构建了一个融合空间："自由的美国，民有、民治、民享的美国"。如果听众愿意走进这样的空间，林肯就成功地将他的 IDEA（想法）"重塑美国"植入了美国民众的心智。

IDEA 知识点

"融合点"是获取听众共鸣的关键。当你计划将自己的 IDEA（想法）植入听众的心智时，必须根据 IDEA（想法）精心设计好"融合点"。在 IDEA 演讲模型中，"融合点"分为 2 种类型：场景式融合点、精神式融合点。

02

场景式融合点,听众走进你的世界

  当我们让自由之声响起,让自由之声从每一个大小村庄、每一个州和每一个城市响起来时,我们将能够加速这一天的到来。那时,上帝的所有儿女,黑人和白人,犹太教徒和非犹太教徒,耶稣教徒和天主教徒,都将手携手,合唱一首古老的黑人灵歌:"自由啦!自由啦!感谢全能上帝,我们终于自由啦!"

  这是被誉为全球十大著名演讲之一,黑人运动领袖马丁·路德·金发表的《我有一个梦想》的结束语,该结束语将当时现场听众的热情迅速点燃。马丁·路德·金这篇演讲之所以对美国产生了持久、巨大的影响,是因为一代又一代美国人听到这个演讲时,内心充满向往地走进了演讲结尾部分塑造的"融合点",本质上是一个场景空间:"一个对上帝的所有儿女完全自由的世界"。这类具有构建场景空间效果的融合点,在 IDEA 演讲模型中被定义为"场景式融合点"。

  在 2022 年深圳全球创新人才论坛上,著名海归科学家颜宁发表了一篇名为《归去来兮》的演讲。演讲前,颜宁已经向普林斯顿大学提交了辞职申请,筹备在深圳创立医学科学院并全职出任创始院长。颜宁用下面的结束语完成了她的这次重要演讲:

> 所以今天呢，我也借着这个人才论坛的机会，向大家送上一份来自深圳医科院——SMART 的邀请函。欢迎大家与我们一起，打造生物医药的深圳，Join us，Be smarter！

颜宁在演讲最后塑造了一个充满力量的场景式融合点："一起打造生物医药的深圳"。此次回国对颜宁来说，意味着一个全新的人生阶段。她期盼在梦想之都深圳成就一番伟大的事业，所以，她希望通过这场演讲号召更多的人才加入。

> 自行车让你走出那些盒子，然后让你走到城市的街道上，让你用一个每小时十公里左右的速度和你身边的人谈话聊天。你会发现它不仅仅是一个工具，它承载了很多有趣的、有情感的一些东西。

摩拜单车创始人胡玮炜在一次公众演讲的结尾部分，颇为感性地说了上面的一番话。她没有拼命强调摩拜单车的便利性，而是塑造了一个温馨舒服的场景式融合点："一个以每小时十公里左右的速度与你身边的人谈话聊天的生活空间"。如果听众愿意走进这样的生活空间，自然会去尝试使用摩拜单车。

> 我们寻找城市伙伴，希望更多的合作伙伴成为我们大家庭的一员，我们一同续写下一个精彩二十年。

在某期知名创业栏目《创业中国人》中，一位创业者通过上面的结束语完成了他的项目路演。这段结束语塑造了一个充满参与感的场景式融合点："一同续写下一个精彩二十年"。

IDEA 知识点

场景式融合点主要分为：生活型场景和事业型场景。在本节前面的演讲案例中，"一个对上帝的所有儿女完全自由的世界"属于生活型场景；"一同续写下一个精彩二十年的大家庭"属于事业型场景。"场景式融合点"常见于自我介绍、工作汇报、竞选竞聘、商务演讲、专题分享、主题演讲等演讲类型。

演讲者通过构建生活空间的方式塑造场景式融合点，这类场景在IDEA演讲模型中被定义为"生活型场景"。该定义中的"生活"包含生存、学习、工作、婚恋、社交和休闲娱乐。"生活型场景"常见于自我介绍、专题分享、主题演讲。

"生活型场景"在演讲中的应用

生活型场景——自我介绍

自我介绍时使用生活型场景，目的是塑造一个积极向上的生活空间。比如，小吴参加某顶级名校MBA复试面试时，自我介绍的结尾部分是这么说的：

> 作为公司的重点培养对象，我迫切地需要丰富自己的管理学理论知识。某大学是我梦想中的大学，商学院师资力量雄厚，我真心希望能坐在某大学商学院的教室里，聆听名师的教诲，成就自己的职业理想。

在这段自我介绍中，小吴塑造了一个学习空间："坐在某大学商学院的教室里，聆听名师的教诲"。该学习空间是面试老师们非常熟悉且感到亲切的，具备很高的能量场。面试老师们潜意识里会不忍心打破这样的美好空间，这就增加了小吴被录取的可能性。

生活型场景——专题分享

专题分享时使用生活型场景，目的是塑造一个精彩优质的生活空间。比如，每年我都会在全国各地商学院做专题分享《完美演讲的秘密》，以下是我的分享结束语：

> 下一次你再被邀请上台演讲，我相信你会信心百倍、侃侃而谈，台下的听众也将为你响起最热烈的掌声。

这句结束语塑造了一个非常精彩的生活空间："在台上信心百倍、侃侃而谈"。听完分享，很多同学问我要联系方式，这说明他们愿意走进这样的空间，于是接受了我的IDEA（想法）"IDEA演讲模型可以让你快速成为演讲高手"。

再看个例子，五星级酒店客户经理小琪在主题分享《赢得顾客的芳心》的结尾部分，她是这么说的：

> 各位在今后工作中，一旦遇到客户投诉，请牢记这3步：第一步，倾听意见；第二步，抓住要点；第三步，提供方法。只要这3步能够实施到位，客户投诉就能得到很妥善的解决。

显而易见，小琪塑造了一个高效处理投诉的工作空间："三步走赢得客户芳心"。同时，这种结尾方式还起到了对知识要点进行总结复盘的作用。

生活型场景——主题演讲

主题演讲时使用生活型场景，目的是塑造一个听众向往的生活空间。比如，创业者小露在主题演讲《"不归"的日子》的结尾部分，她充满感情地说：

如果你正忙碌在喧嚣的大城市，某天突然感觉有点累，想要放松一下，你可以尝试过一种住在海边、无忧无虑的生活，哪怕只是几天。这几天，你什么也不用去想，我们一起静静地享受面朝大海，春暖花开！

该案例中，小露自主创业开了一家海岛民宿，她通过这段演讲塑造了一个生活空间："面朝大海、春暖花开的美好日子"，让现场听众顿时心生向往。将来，当听众想真实地走进这样的空间，就很有可能选择住在小露的民宿。

演讲者通过构建事业空间的方式建立场景式链接点，这类场景在 IDEA 演讲模型中被定义为"事业型场景"。"事业型场景"常见于自我介绍、工作汇报、竞选竞聘、商务演讲。

"事业型场景"在演讲中的应用

事业型场景——自我介绍

自我介绍时使用事业型场景，目的是塑造一个有价值的事业空间。比如，同程旅游网创始人吴志祥在参加央视《赢在中国》节目时，他的自我介绍结束语简短有力：

我想这是一个非常非常巨大的市场，也是一个值得我和我的团队用一辈子的时间去做的一件事情，谢谢。

这段结束语中，"一辈子的时间去做的一件事情"是吴志祥塑造的事业空间。该空间具备极高的能量场，现场听众的内心为之振奋，他们中的一些人很有可能在未来成为吴志祥的合伙人。

第五章 塑造你的"融合"——获取听众共鸣

事业型场景——工作汇报

工作汇报时使用事业型场景,目的是塑造一个有成果的事业空间。比如,某留学中介公司市场主管小鹏在工作汇报的结尾部分,他是这么说的:

> 以上是本次调研的全部内容。总结来说,某市留学业务市场空间巨大,如果公司在该市设立分支机构,投入骨干力量重点开发,我相信一定可以携手打开一片新的天地!

在这段工作汇报中,小鹏塑造了一个事业空间:"携手打开一片新的天地"。如果领导愿意走进这片新的天地,就代表小鹏的这次工作汇报相当成功。

事业型场景——竞选竞聘

竞选竞聘时使用事业型场景,目的是塑造一个有意义的事业空间。比如,小吉在竞选某商学院 MBA 联合会主席时,结尾部分是这么说的:

> 我希望有机会带领大家共同奋斗,充分落实以上改善措施,让更多同学有机会在更多更大的舞台上进行展示和交流,我们一同书写 MBA 联合会新的篇章!

在这段竞选演讲中,小吉塑造了一个事业空间:"一同书写 MBA 联合会新的篇章"。该事业空间具有较强的号召力,现场听众会因为被吸引从而支持竞选者当选。

事业型场景——商务演讲

商务演讲时使用事业型场景,目的是塑造一个有愿景的事业空间。比如,某童装品牌营销总监小柯在一次招商演讲的结尾部分,他是这么说的:

如果你想投身创业,想改变生活现状,我诚挚邀请你加盟我们的品牌,让我们一起经营某童装品牌。

这段商务演讲中,小柯塑造了一个事业空间:"一起经营某童装品牌"。现场听众听完会有一种莫名的"融入感",很有可能产生加盟某童装品牌的兴趣。

IDEA 演讲模型实战情景练习

假设你正在准备一场主题演讲,请根据此次演讲的 IDEA(想法),尝试写下"场景式融合点":

_____

_____

03

精神式融合点,感召听众行动起来

> 在这次大战中,法兰西和不列颠将联合一致,决不屈服,决不投降!

1940年6月4日,时任英国首相的丘吉尔在国会下议院发表了二战中最鼓舞人心的演讲《我们将战斗到底》,这篇演讲被认为是世界史上最著名的演讲之一。上面是丘吉尔在演讲结束时铿锵有力地说出的结束语。英国民众之所以听完这场演讲后斗志昂扬,最终取得了反法西斯战争的伟大胜利,是因为他们毫不迟疑地走进了演讲结束语塑造的"融合点",本质上是一个精神空间:"决不屈服,决不投降"。**这类具有构建精神空间效果的融合点,在 IDEA 演讲模型中被定义为"精神式融合点"。**

全国优秀县委书记、现投身公益事业的陈行甲先生,在一档大型演说节目中获得了年度总冠军,他的演讲题目是《我的母亲》。在演讲开场部分,陈行甲动情地说:"我出生在湖北省兴山县高桥乡下湾村,这些年我见过不少的人,可是依然觉得妈妈是我这辈子见过最美丽的女人。她的笑容温暖得可以融化冰雪。"陈行甲的母亲心怀大爱,一直帮助村里有需要的人,从不在意得失。在母亲的影响下,陈行甲坚持做公益。在巴东任县长期间,他曾经亲自请全村的病人吃饭。通过这篇演讲,陈行甲希望传递的IDEA（想法）是"像我的母亲一样爱干净，有悲悯心，去帮助弱势群体"。演讲结束时，陈行甲说了这样一番话：

> 我现在是一名公益人，公益是一个照亮社会的事业，我希望有更多的年轻人，更多的你们能够加入公益的队伍，我们一起像一束束火把去照亮更美好的中国！

该段演讲塑造了一个精神式融合点："一起像一束束光照亮更美好的中国"。听众如果愿意走进这样的精神空间，将来就有可能参与陈行甲的公益事业。

2021年12月31日，罗振宇的跨年演讲《时间的朋友》在成都金融城演艺中心举行。这次跨年演讲十分特别，因为新冠疫情他不得不面对1.2万个空座位发表演讲。在演讲中，罗振宇讲述了53个生动的故事，目的是传递一个IDEA（想法）："原来还能这么干"。为了在最后将演讲升华到一定的高度，罗振宇是这么结尾的：

> 没有人知道新的一年会给我们出一些什么题，期待我们什么答案。不知道没关系，就像莎士比亚说的："让我们泰然自若，与自己的时代狭路相逢吧！"

众所周知，罗振宇是一位演讲高手，这段演讲结束语塑造了一个令人感到慰藉的精神式融合点："泰然自若地与自己的时代狭路相逢的精神空间"。现场听众可以在这个精神空间里，找到为更好的未来继续拼搏的勇气，也因此对罗振宇的跨年演讲给予高度评价。

> 今天，你们要离开校门开始新的生活，我希望你们也这样：求知若饥，虚心若愚。

乔布斯在斯坦福大学的经典演讲中讲述了 3 段人生经历，每段经历都充满了挫折、意外和惊喜。最后，他用上面的这句话作为结束语，塑造了一个充满力量的精神式融合点："求知若饥，虚心若愚的精神空间"。这个精神空间对即将要毕业的斯坦福大学同学们来说，显得尤为宝贵。如果他们选择走进这样的精神空间，就意味着步入了更加精彩的人生。

2022 年 8 月 11 日晚 7 点，雷军在小米成立 12 周年之际发表了年度演讲《永远相信美好的事情即将发生》。在近三小时的发布会中，雷军通过 3 个故事讲述了他人生中经历的挫折与进步。演讲结束时，他热情洋溢地说出了下面这句话：

> 小米和大家一起，始终保持对这个世界的热爱，才能在变化中发现机会、在挑战中找到出口，才能让我们的世界变得更好。

这句结束语塑造了一个精神式融合点："一起保持对这个世界的热爱，在变化中发现机会、在挑战中找到出口的精神空间"。该精神空间让很多焦虑的听众尤其是创业者，看到了前方的希望，也重拾了继续奋斗下去的信心。

🎤 IDEA 知识点

精神式融合点主要分为：号召型精神和哲理型精神。本节前面英国前首相丘吉尔的演讲案例中，"决不屈服，决不投降"属于号召型精神；罗振宇演讲案例中的"泰然自若地与自己的时代狭路相逢"属于哲理型精神。"精神式融合点"常见于团队激励、专题分享、主题演讲等。

演讲者通过号召的方式塑造精神式融合点，这类精神在 IDEA 演讲模型中被定义为"号召型精神"。"号召型精神"常见于团队激励、主题演讲。

"号召型精神"在演讲中的应用

号召型精神——团队激励

团队激励时使用号召型精神,目的是让听众产生强大的执行力。比如,电视剧《创业时代》中狐邮创始人罗维在激励团队时,结尾部分是这么说的:

> 不要担心失败,不要担心被拒绝,不要担心被客户辱骂,客户对你们的每一句辱骂都是在成就你们,都是在为你们的奖金添砖加瓦呀。不要担心失败,朋友们,因为失败终将引领你们走向人生的巅峰。

该段演讲中,罗维塑造了一个精神空间:"不要担心失败,不要担心被拒绝,不要担心被客户辱骂"。在这个精神空间里,团队成员将具备强大的心理承受能力,更加充满斗志地去完成工作任务。

号召型精神——主题演讲

主题演讲时使用号召型精神,目的是让听众产生强大的行动力。比如,英国前首相丘吉尔的演讲案例中,丘吉尔发出号召"决不屈服,决不投降",使得英国民众奋勇向前打倒法西斯。再看一个例子,残疾人企业家崔万志在励志演讲《不要抱怨,靠自己》结尾部分,他满怀激情地说:

> 我们内心是什么样子,这个世界就是什么样子。选择抱怨,我们内心是充满着痛苦、黑暗和绝望;选择感恩,我们的世界就充满着阳光、希望和爱!

很明显,崔万志塑造了一个精神空间:"选择感恩"。听完他的整篇演讲，现场有不少听众的眼里噙满了泪水。该结束语能产生这样强烈的效果，是因为大家愿意走进这样的空间，未来也会努力用感恩的态度去对待这个世界。

演讲者通过借助哲理性语句或故事塑造精神式融合点，这类精神在 IDEA 演讲模型中被定义为"哲理型精神"。"哲理型精神"常见于专题分享、主题演讲。

"哲理型精神"在演讲中的应用

哲理型精神——专题分享

专题分享时使用哲理型精神，目的是让听众产生深度的思考。某位语言艺术家在讲座《会说话让生活更美好》的结尾部分，分享了一个小故事：

> 小李曾经是一位非常成功的创业者，但这三年受疫情影响，企业出现严重亏损。为了还债，他变卖了家产还卖了自己的小轿车，每天只能靠电动车代步。有一天，小李的好朋友小王邀请他一起吃饭，双方都带了自己的妻子。见面时，由于小王的妻子对小李的近况不了解，开口就问："你们怎么骑电动车呀？"场面突然陷入了尴尬。这时，小李的妻子微笑地说："因为这样我可以一直抱着他。"这个小故事告诉我们，会说话是一门艺术，可以让生活变得更加美好。感谢大家的聆听。

在该段分享中，这位语言艺术家通过故事塑造了一个精神空间："会说话是一门艺术"。听众如果被吸引走进这样的精神空间，就会在生活中努力改善自己的说话方式，让别人感觉到舒服。

哲理型精神——主题演讲

主题分享时使用哲理型精神，目的是让听众产生深度的共鸣。在罗振宇的演讲案例中，罗振宇的"泰然自若地与自己的时代狭路相逢"使得现场听众的内心产生了强烈的共鸣。再看一个例子，深圳大学小巫同学在第三届国际商学院演讲挑战赛总决赛中，发表了一场精彩的演讲《向下扎根、向上生长》。她是这么结尾的：

> 对于未来，不管是什么，我都希望能够慢慢遇见、慢慢懂得、慢慢欣赏！我一直很喜欢一句话："宠辱不惊，闲看庭前花开花落；去留无意，漫随天外云卷云舒。"我愿在接下来的时光中，跟大家一起继续扎根，继续生长！我的演讲到此结束，感谢大家的聆听！

在该段演讲中，小巫塑造了一个精神空间："宠辱不惊，闲看庭前花开花落；去留无意，漫随天外云卷云舒"。这个空间充满了惬意感，现场听众一旦走进，很容易产生精神共鸣。

IDEA 演讲模型实战情景练习

假设你正在准备一场主题演讲，请根据此次演讲的 IDEA（想法），尝试写下"精神式融合点"：

_____

_____

04

演讲 PPT 设计——融合点

所以下一次,我在讲课的时候,我还会在课程的规定时间之内,教给同学们答题的方法和技巧。但是我会多讲五分钟,我多讲五分钟的林语堂,多讲五分钟的许渊冲,多讲五分钟的王佐良。请别再问我,这有啥用?这五分钟,我不教你考试,请允许我做一次教育,谢谢大家!

上面这段话是一篇关于教育意义的主题演讲的结尾部分,演讲者小董老师塑造了一个场景式融合点:"5分钟做教育的课堂"。为了让这个场景式融合点更加生动地呈现,小董老师在 PPT 上放了一张黑板图片作为演讲背景。

在 IDEA 演讲模型中,主题演讲采用两种融合点:场景式融合点、精神式融合点。演讲者选择不同种类的融合点,需要使用不同类型的 PPT 去增强融合效果。其中,场景式融合点通常采用"纯图型(图片)"PPT。例如,本节开篇演讲案例中,演讲者小董老师通过一张黑板图片让现场听众仿佛走进了一个真实的教室,这种方式极大地提升了演讲结尾呈现的场景空间感,融合效果非常显著。

上一节中，陈行甲在演讲《我的母亲》的结尾部分，塑造了一个精神式融合点："一起像一束束光照亮更美好的中国"。与此同时，他的PPT上播放了3张公益活动现场的照片，让听众更好地融入了这个精神空间。

在该案例中，陈行甲通过采用"纯图型（图片）"PPT增强了"精神式融合点"的融合效果。对于精神式融合点，PPT呈现方式通常采用"纯图型（图片）"或"图字型"。再看一个例子，东南大学小玉同学成功晋级了第三届国际商学院演讲挑战赛全国总决赛，她在总决赛演讲的最后，塑造了一个精神式融合点："我们终会成自己的英雄"。其PPT呈现方式采用的是"图字型"（见下图）。

在上一节罗振宇演讲的案例中，罗振宇在演讲结尾部分引用了莎士比亚的一句名言，成功塑造了一个精神式融合点："泰然自若地与自己的时代狭路相逢的精神空间"。他的PPT同步播放了一张莎士比亚的照片以及那句名言。

显而易见，罗振宇为了增强他的"精神式融合点"的融合效果，PPT

呈现方式采用了"图字型"。现场听众在PPT突出呈现的精神空间里,内心产生了强烈的共鸣。

 IDEA 小结

　　主题演讲"融合"部分的PPT设计主要取决于采用哪一种融合点:场景式融合点通常采用"纯图型(图片)"PPT;精神式融合点通常采用"纯图型(图片)"PPT或"图字型"PPT。

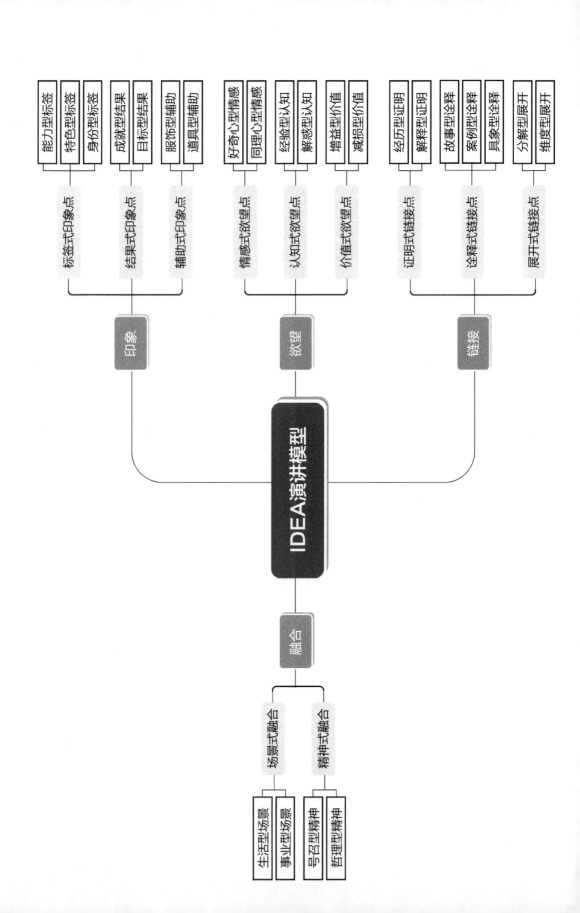

第六章

IDEA 演讲模型实战应用

…

01

IDEA演讲提纲，演讲从未这般轻松

尼克松曾经说：如果让我重进大学，我将修好两门课——演讲和说服。在人生的很多关键场景比如升学求职面试、公司竞选竞聘、项目产品推广等，演讲能力对最后的成败都起着决定性的作用。但大部分人都害怕甚至恐惧演讲，其底层原因只有两个：不知道该讲什么，怎么才能讲好！这个底层原因会诱发很多"演讲困扰"：不知从何说起，总觉得自己讲不清楚……

有了IDEA演讲提纲，上述困扰可以轻松地得到解决。IDEA演讲提纲是根据IDEA演讲模型生成的万能演讲思维工具，目的是帮助演讲者快速形成演讲思路，完成一篇优秀的演讲（不限类型）。当你决定做一场演讲，请列出你的IDEA演讲提纲：首先，你必须明确这篇演讲想要传递的IDEA（想法）；明确了IDEA（想法）之后，再根据IDEA演讲模型依次展开，一步步将你的IDEA（想法）植入听众的心智！

IDEA 演讲提纲

IDEA（想法）

印象（Impression） 建立 IDEA 匹配的印象 ——引发听众关注	印1 标签式印象点：A 能力型标签　B 特色型标签 　　　　　　　　　　C 身份型标签 印2 结果式印象点：A 成就型结果　B 目标型结果 印3 辅助式印象点：A 服饰型辅助　B 道具型辅助

印象点：

欲望（Desire） 唤醒 IDEA 相关的欲望 ——激活听众渴望	欲1 情感式欲望点：A 好奇心型情感　B 同理心型情感 欲2 认知式欲望点：A 经验型认知　　B 解惑型认知 欲3 价值式欲望点：A 增益型价值　　B 减损型价值

欲望点：

链接（Explore） 植入 IDEA 有效的链接 ——输入听众信息	链1 证明式链接点：A 经历型证明　B 解释型证明 链2 诠释式链接点：A 故事型诠释　B 案例型诠释 　　　　　　　　　　C 具象型诠释 链3 展开式链接点：A 分解型展开　B 维度型展开

链接点：

融合（Acquire） 塑造 IDEA 对应的融合 ——获取听众共鸣	融1 场景式融合点：A 生活型场景　B 事业型场景 融2 精神式融合点：A 号召型精神　B 哲理型精神

融合点：

注：关注微信公众号：MBAtalks，免费下载 IDEA 演讲提纲电子版。

IDEA 演讲模型与传统演讲模式相比，具备 3 大显著特征："普适性""灵活性""自由性"。

1. 普适性

IDEA 演讲模型是演讲的底层逻辑，适用所有演讲类型，而传统演讲模式有一定的局限性。传统演讲模式主要分"范文派"和"结构派"。"范文派"通常针对常见的演讲类型提供优秀演讲范文，但学习者不能产生自主演讲能力;"结构派"通常仅针对某一种演讲类型(比如商务演讲)提供标准演讲结构,但学习者不能应对其他多种演讲类型。

2. 灵活性

IDEA 演讲提纲中的信息要点可以根据不同演讲类型进行灵活调整。在日常工作生活中,能够对你的未来产生"关键性影响"的演讲类型主要有六种:自我介绍、工作汇报、竞聘演讲、商务演讲、专题分享和主题演讲。针对不同演讲类型,根据 IDEA 演讲模型选择不同种类的高能量信息点,你的演讲就可以达到最佳效果。本章接下来的内容将详细讲解六大演讲类型、IDEA 演讲提纲、实战应用以及真实案例分析。

3. 自由性

IDEA 演讲提纲可以先定内容再定主题(主要针对主题演讲)。按照传统演讲模式,通常需要先定下演讲主题,这让大部分演讲者非常痛苦。因为在思路不清楚的情况下,很难想出理想的演讲主题,也不容易展开演讲内容。一旦演讲主题定的不合适,思维因受到主题约束从而导致演讲内容无法充分表达演讲者的核心思想,甚至整个演讲内容方向走偏。IDEA 演讲提纲可以让你避免这种问题,你只需先将"演讲经络"理清楚,走一遍,完全通透了之后,然后快速写好演讲内容。最后再定演讲主题,做到万无一失。

02

漂亮自我介绍，让面试官无可挑剔

2021年8月6日，在中国某知名商学院发布的提前面试结果里，大部分高分同学都是我面试训练营的学生。我很开心但并不惊喜，因为我知道他们成功运用了IDEA演讲模型，充分展现了自己的风采，最终顺利将自己的IDEA（想法）"我值得被录取"植入了面试官的心智中。所以，获得高分是情理之中的事情！

自我介绍似乎人人都会，但能够做出精彩自我介绍的人却是凤毛麟角。自我介绍不是简单罗列自己的信息，而是在听众的心智中植入你的IDEA。比如，你准备参加考研面试，你的自我介绍需要传递的IDEA是"我值得被录取"；你准备参加工作面试，你需要传递的IDEA是"我非常适合你们公司的职位"。

在我的考研面试训练营中，我要求每一位学员必须做到心中有强烈的IDEA"我值得被录取"，再根据IDEA演讲模型层层展开。需要注意的是，自我介绍属于最基础的演讲类型，IDEA演讲提纲将根据自我介绍的本质属性进行简化，形成IDEA演讲提纲（自我介绍版）。

IDEA 演讲提纲（自我介绍版）	
IDEA（想法）	
印象（Impression） 建立 IDEA 匹配的印象 ——引发听众关注	印 1 标签式印象点：A 能力型标签　B 特色型标签 　　　　　　　　　　C 身份型标签 印 2 结果式印象点：A 成就型结果　B 目标型结果
印象点：	
欲望（Desire） 唤醒 IDEA 相关的欲望 ——激活听众渴望	价值式欲望点：A 增益型价值　B 减损型价值
欲望点：	
链接（Explore） 植入 IDEA 有效的链接 ——输入听众信息	证明式链接点：解释型证明
链接点：	
融合（Acquire） 塑造 IDEA 对应的融合 ——获取听众共鸣	场景式融合点：A 生活型场景　B 事业型场景
融合点：	

IDEA 演讲提纲（自我介绍版）说明如下：

（1）印象部分采用了"标签式印象点"和"结果式印象点"。标签式印象点可以快速吸引听众对演讲者的注意力；结果式印象点可以让听众对演讲者产生信任感。

（2）欲望部分采用了"价值式欲望点"。如果听众得知可以增加某种利益或减少某种损失，就会立刻对你产生深入了解的渴望。

（3）链接部分采用了"证明式链接点（解释型）"。你需要解释说明你的 IDEA（想法）比如"我值得被录取"，目的是将你的 IDEA（想法）与听众进行有效链接。

(4) 融合部分采用了"场景式融合点",在不同情形下,你可以选择使用生活型场景或事业型场景。例如,如果你面临的是升学面试,就选择生活型场景,目的是塑造一个美好的学习生活空间;如果你面临的是求职面试,就选择事业型场景,目的是塑造一个积极的奋斗事业空间。

本书第二章第 1 节 MBA 学员小吴的演讲案例中,起初因为考研分数刚达国家线,小吴担心自己会被刷下来。后来通过 IDEA 演讲模型的学习,他快速梳理了自己的信息,最终以复试面试第二名的优异成绩成功被顶级名校录取。下面是他当时列下的 IDEA 演讲提纲(自我介绍版):

IDEA 演讲提纲(自我介绍版)	
IDEA(想法)	我值得被录取
印象(Impression) 建立 IDEA 匹配的印象 ——引发听众关注	印 1 标签式印象点:A 能力型标签 B 特色型标签 　　　　　　　　　C 身份型标签 印 2 结果式印象点:A 成就型结果 B 目标型结果
印象点:印 1C:高级经理;印 2A:①南京市集成电路高层次人才 ②帮助公司年营收额突破 50 亿元	
欲望(Desire) 唤醒 IDEA 相关的欲望 ——激活听众渴望	价值式欲望点:A 增益型价值 B 减损型价值
欲望点:欲 A:可以给商学院同学们带来参观实习机会	
链接(Explore) 植入 IDEA 有效的链接 ——输入听众信息	证明式链接点:解释型证明
链接点:①沟通力强 ②执行力强 ③共情力强	
融合(Acquire) 塑造 IDEA 对应的融合 ——获取听众共鸣	场景式融合点:A 生活型场景 B 事业型场景
融合点:融 A:坐在某大学商学院的教室里,聆听名师的教诲	

✓ 自我介绍全文

IDEA（印象）：老师们好，我叫小吴。2012 年，我毕业于成都大学，是某存储企业管理部的一名高级经理，我们公司目前是国内位列前三的存储芯片生产商。2016 年我被评为"南京市集成电路高层次人才"，去年帮助公司营收突破 50 亿元。

IDEA（欲望）：过去的五年，我见证了公司研发量产移交，见证了企业文化的构建与发展，对公司的战略发展方向有了清晰的了解。如果我有幸被录取，我可以帮忙安排感兴趣的同学到公司进行参观实习。

IDEA（链接）：接下来，我将从三个维度概括我自己：第一，沟通力强。我能跨部门与不同背景的员工高效沟通……第二，执行力强。我能对领导提出的要求总是第一时间给出答复……第三，共情力强。我能与普遍比我年长的下属建立和谐的上下级关系……

IDEA（融合）：作为公司的重点培养对象，我迫切需要丰富自己的管理学理论知识。某大学是我梦想中的大学，商学院师资力量雄厚，我真心希望能坐在某大学商学院的教室里，聆听名师的教诲，成就自己的职业理想。

>> **案例分析**

中央电视台《赢在中国》曾经是国内影响力最大的创业节目之一，来自全国的众多创业高手同台竞技。2006 年，吴志祥带着他的创业项目"同程旅游网"参加该节目，并在节目中发表了时长约 1 分半钟的自我介绍。吴志祥一路过关斩将，最终赢得了 500 万创业基金。以下是当时吴志祥的自我介绍全文以及 IDEA 演讲模型解析：

第六章 IDEA 演讲模型实战应用

大家好，我的项目是同程旅游网，我的目标是把同程旅游网做成中国乃至世界上最大的一个旅游超市。

让所有的旅游者和旅游供应商能够直接在这个平台上进行交流和交易，来减少双方的交易成本。

那么关于这项目呢，我想用下面4个问题来进行说明。第一，为什么能赚钱？很简单，因为我们已经帮助客户赚到了钱，在我们的平台上面有4万家旅游企业，很多旅游企业都通过这个平台找到了自己的合作伙伴，现在我们有收费会员近4000家；第二，能赚多少钱？2004年的时候，我们网站的营收是30万，2005年呢，我们网站的营收是300万。今年我们的目标是800万到1000万，目前已经完成了50%，那我想如果有VC介入的话，我们的目标是到2008年做到一个亿。第三，为什么是我们？我想最重要的原因是因为我们的团队，我们的团队对旅游行业的热爱；（第四）最后一个问题，能赚多长时间？2005年中国旅游业的总收入是7600亿人民币，每年将以10%的速度增加，到2020年的时候，整个中国的旅游收入达到2.5万亿人民币。

我想这是一个非常非常巨大的市场，也是一个值得我和我的团队用一辈子的时间去做的一件事情，谢谢。

资料来源：本案例中演讲素材来自中央电视台《赢在中国》节目

IDEA 演讲提纲（自我介绍版）	
IDEA（想法）	我的项目（同程旅游网）非常有前景
印象（Impression） 建立 IDEA 匹配的印象 ——引发听众关注	印1 标签式印象点：A 特色型标签　B 能力型标签 　　　　　　　　　　C 身份型标签 印2 结果式印象点：A 成就型结果　B 目标型结果
印象点：印 2B：把同程旅游网做成中国乃至世界上最大的一个旅游超市	

（续）

IDEA 演讲提纲（自我介绍版）	
欲望（Desire） 唤醒 IDEA 相关的欲望 ——激活听众渴望	价值式欲望点：A 增益型价值　B 减损型价值
欲望点：欲 B：减少双方的交易成本	
链接（Explore） 植入 IDEA 有效的链接 ——输入听众信息	证明式链接点：解释型证明
链接点：①为什么能赚钱 ②能赚多少钱 ③为什么是我们 ④能赚多长时间	
融合（Acquire） 塑造 IDEA 对应的融合 ——获取听众共鸣	场景式融合点：A 生活型场景　B 事业型场景
融合点：融 B：用一辈子的时间去做的一件事情	

>> 案例分析

作为国际商学院演讲挑战赛的发起人，我每个月都会出席一些重要的社交活动，也经常被邀请上台做自我介绍。以下是我的自我介绍内容（2023 版本）以及 IDEA 演讲模型解析。

大家好，我叫钱多多，我是国际商学院演讲挑战赛发起人。目前，大赛吸引了全国 100 多所商学院的优秀学子参与，已经发展成为中国商学院最大规模的演讲比赛。

国演赛是一项演讲社交式文化赛事，大赛不仅让选手们提升了演讲能力，还找到了生命中的同频人、事业上的合伙人以及创业路上的投资人。

接下来，我将向各位介绍国演赛的 3 大特征，它们分别是：有影响力、有号召力、有凝聚力。第一，有影响力。国演赛设立

"院校赛道"和"组织赛道"两大赛道，选手们来自北清复交等全国各大高校商学院、国外知名商学院以及全国性优秀（E）MBA组织。国演赛肩负着"讲好中国（E）MBA人故事、传播中国（E）MBA人声音"的重要使命；第二，有号召力。大赛主题社交活动汇聚了大量优秀企业家、各行业领域杰出人士；赛事搭建了一个全国商界精英沟通交流的平台，增进互相了解，产生深度合作；第三，有凝聚力。大赛参与者有一个共同的称呼"演友"，演友目前分布在全国60多个城市、80多个行业领域。组委会定期举办3大演友精品活动："演友见面会""演友企业行""演友走公益"。不论天南海北，演友们相互赋能，传承国演精神"你我勇往直前，在平凡中非凡"。

最后，欢迎大家参加第四届国际商学院演讲挑战赛，我们一起绽放魅力、连接彼此、与智者同行。谢谢大家！

IDEA 演讲提纲（自我介绍版）

IDEA（想法）	我发起的国演赛值得参加
印象（Impression） 建立 IDEA 匹配的印象 ——引发听众关注	印1 标签式印象点：A 特色型标签　B 能力型标签　C 身份型标签 印2 结果式印象点：A 成就型结果　B 目标型结果

印象点：印1C：国际商学院演讲挑战赛发起人；印2A：①吸引了全国100多所商学院的优秀学子参与 ②中国商学院最大规模的演讲比赛

欲望（Desire） 唤醒 IDEA 相关的欲望 ——激活听众渴望	价值式欲望点：A 增益型价值　B 减损型价值

欲望点：欲A：①提升了演讲能力 ②找到了生命中的同频人、事业上的合伙人以及创业路上的投资人

（续）

IDEA 演讲提纲（自我介绍版）

链接（Explore）

植入 IDEA 有效的链接　　　证明式链接点：解释型证明
　　——输入听众信息

链接点：①有影响力　②有号召力　③有凝聚力

融合（Acquire）

塑造 IDEA 对应的融合　　　场景式融合点：A 生活型场景　B 事业型场景
　　——获取听众共鸣

融合点：融 A：参加第四届国际商学院演讲挑战赛，一起绽放魅力、连接彼此、与智者同行

03

优秀工作汇报,老板对你刮目相看

小鹏是西安一家知名留学中介公司的市场主管,总经理安排他去周边某三线城市调查留学市场行情,看是否适合设立分支机构。小鹏是一个工作仔细而且非常有想法的人,经过长达一个多月的市场调研,他总结出了一份工作汇报。在公司的内部会议上,小鹏信心十足地向总经理汇报调研结果。汇报结束后,总经理高度认可了小鹏的工作成效,更重要的是,他采纳了小鹏最后的建议。

该案例中,小鹏对工作汇报之所以这么有信心,是因为经一位同事介绍,他学习了 IDEA 演讲模型。在学习的过程中,他深刻意识到自己工作汇报中存在的问题。以前,小鹏每次只是将工作成果客观地陈述出来,没有经过逻辑上的梳理和加工,所以经常得不到领导的重视。自从有了 IDEA 演讲模型,小鹏总是带着明确的 IDEA(想法)去向领导汇报,再按照 IDEA 演讲模型一层层地展开,汇报效果一直让他特别惊喜。

和自我介绍一样,IDEA 演讲提纲需要根据工作汇报的本质属性进行简化,形成 IDEA 演讲提纲(工作汇报版)。具体如下:

IDEA 演讲提纲（工作汇报版）	
IDEA（想法）	
印象（Impression） 建立 IDEA 匹配的印象 ——引发听众关注	结果式印象点：成就型结果
印象点：	
欲望（Desire） 唤醒 IDEA 相关的欲望 ——激活听众渴望	情感式欲望点：好奇心型情感
欲望点：	
链接（Explore） 植入 IDEA 有效的链接 ——输入听众信息	展开式链接点：分解型展开
链接点：	
融合（Acquire） 塑造 IDEA 对应的融合 ——获取听众共鸣	场景式融合点：事业型场景
融合点：	

IDEA 演讲提纲（工作汇报版）说明如下：

(1) 印象部分采用了"结果式印象点（成就型）"，目的是引起上级对你工作汇报的重视。比如，该工作汇报你准备了多久，查阅了多少资料等。

(2) 欲望部分采用了"情感式欲望点（好奇心型）"。汇报者通过唤醒上级的好奇心，使得上级对你接下来的汇报充满聆听的渴望。比如，"我有一些新发现，很可能对公司业务的拓展有较大的帮助"。

(3) 链接部分采用了"展开式链接点（分解型）"。工作汇报的主要目的是反馈工作成果，采用分解型展开的方式进行呈现，可以充分链接上级的信息场。需要特别注意的是，工作汇报是面向领导进行的，领导通常会很忙，所以汇报需要考虑时间因素。因此，最好在链接前明确告知领导链接时长及全部链接点，这样领导才有耐心仔细往下听。

(4) 融合部分采用了"场景式融合点（事业型）"。汇报者如果想最终获得领导的认同，就需要在汇报结束时塑造一个充满希望的事业空间。

在本节开篇的演讲案例中，小鹏此次工作汇报的 IDEA（想法）是"本次调研是全面深入且有成效的"。为了将这个 IDEA（想法）植入总经理的心智，小鹏在工作汇报前，快速列出了 IDEA 演讲提纲：

IDEA 演讲提纲（工作汇报版）	
IDEA（想法）	本次调研是全面深入且有成效的
印象（Impression） 建立 IDEA 匹配的印象 ——引发听众关注	结果式印象点：成就型结果
印象点：①调研时间长达 38 天 ②拜访了 51 家大中型语言培训结构 ③调研了 11 家留学机构	
欲望（Desire） 唤醒 IDEA 相关的欲望 ——激活听众渴望	情感式欲望点：好奇心型情感
欲望点：什么重要发现？	
链接（Explore） 植入 IDEA 有效的链接 ——输入听众信息	展开式链接点：分解型展开
链接点：①国际班情况 ②语言培训机构情况 ③留学机构情况	

（续）

IDEA 演讲提纲（工作汇报版）	
融合（Acquire） 塑造 IDEA 对应的融合 ——获取听众共鸣	场景式融合点：事业型场景
融合点：携手打开一片新的天地	

 工作汇报全文

　　IDEA（印象）：我本次在某市进行了长达 38 天的市场调研。在这段调研时间里，我拜访了 51 家大中型语言培训机构，分别和他们的主管及主管以上级别的领导进行了面聊，调研了 11 家留学机构。

　　IDEA（欲望）：在此次调研过程中，我有了一些重要发现，相信对公司业务的快速发展有着很强的借鉴意义。

　　IDEA（链接）：接下来，我将用 10 分钟的时间，从 3 个方面汇报此次调研的结果，它们分别是：国际班、出国语言培训机构、留学中介。第一，国际班。目前该市大学及高中的国际班数量总计 15 个，主要出国方向是英澳国家……第二，出国语言培训机构。我拜访的 51 家大中型语言培训机构中，有 21 家涉及出国语言培训业务……第三，留学中介。我调研的 11 家留学中介中，有 5 家采用的是"保签制"……

　　IDEA（融合）：以上是本次调研的全部内容。总结来说，某市留学业务的市场空间巨大。如果公司在该市设立分支机构，投入骨干力量重点开发，我相信一定可以携手打开一片新的天地！

>> 案例分析

2018年7月，小姜从北京师范大学毕业，来到某省级重点中学担任实习教师。工作一段时间之后，小姜面对学校主要领导及教师做了一场工作汇报。以下是她的工作汇报全文以及 IDEA 演讲模型解析：

> 各位领导好，我是实习教师小姜。我在某中学已经经历了一个多月的实习，担任高一3个班共计167名学生的数学课教学工作。
>
> 作为一名实习教师，本着对学生负责的态度，我严格要求自己，努力做好每一项教学工作。在教学过程中，我进行了一些创新性的尝试，希望对其他老师的教学有一定的参考价值。
>
> 接下来，我将从课程教学、课后辅导、学习交流3个方向汇报此次实习工作。首先，课程教学。我将知识要点与数字多媒体充分结合……其次，课后辅导。我建立了办公室答疑时间……最后，学习交流。我认真积极参加多位资深数学教师的公开课……
>
> 有人说选择了教师职业就等于选择了平凡，但是我觉得每一个教师都是不平凡的人。通过此次实习的历练，我希望能有机会在某中学正式开启我的教师生涯，早日成为一名真正的教师，一名受学生喜爱的教师。

IDEA 演讲提纲（工作汇报版）	
IDEA（想法）	本次实习是卓有成效的
印象（Impression） 建立 IDEA 匹配的印象 ——引发听众关注	结果式印象点：成就型结果
印象点：①经历了一个多月的实习 ②担任高一3个班共计167名学生的数学课教学工作	

（续）

IDEA 演讲提纲（工作汇报版）
欲望（Desire）   唤醒 IDEA 相关的欲望　　　情感式欲望点：好奇心型情感   ——激活听众渴望   欲望点：什么创新性的尝试？
链接（Explore）   植入 IDEA 有效的链接　　　展开式链接点：分解型展开   ——输入听众信息   链接点：①课程教学　②课后辅导　③学习交流
融合（Acquire）   塑造 IDEA 对应的融合　　　场景式融合点：事业型场景   ——获取听众共鸣   融合点：在某中学正式开启我的教师生涯

04

如此竞选竞聘，结果令你喜出望外

小吉是一名 MBA 学员，就读于国内一所高校商学院。最近，小吉计划参加这所商学院的 MBA 联合会主席竞选。由于竞选人非常多而且个个优秀，小吉心里很忐忑，对自己没什么信心，甚至打算放弃这次机会。幸运的是，他报名参加了国际商学院演讲挑战赛组委会发起的"国演星导师"公益计划，得到了 IDEA 演讲模型的学习机会。当小吉掌握了 IDEA 演讲提纲，他立刻对自己接下来的竞选演讲充满了信心！

在该案例中，小吉所在的商学院隶属于一所理工科大学。由于学校特色的原因，这所商学院的整体氛围相对比较保守，同学们缺乏展示与交流的渠道，与其他商学院的 MBA 同学们之间几乎是隔绝的。为了竞选成功，小吉首先明确了这次竞选演讲的 IDEA（想法）："我可以改变商学院同学们缺乏展示与交流的局面"。如果他顺利将这个 IDEA（想法）植入听众的心智，就极有可能获得 MBA 联合会主席职位。

如同自我介绍和工作汇报，IDEA 演讲提纲将根据竞选竞聘的本质属性进行简化。具体如下：

IDEA 演讲提纲（竞选竞聘版）	
IDEA（想法）	
印象（Impression） 建立 IDEA 匹配的印象 ——引发听众关注	印 1 标签式印象点：身份型标签 印 2 结果式印象点：成就型结果
印象点：	
欲望（Desire） 唤醒 IDEA 相关的欲望 ——激活听众渴望	欲 1 情感式欲望点：同理心型情感 欲 2 价值式欲望点：A 增益型价值　B 减损型价值
欲望点：	
链接（Explore） 植入 IDEA 有效的链接 ——输入听众信息	链 1 证明式链接点：解释型证明 链 2 展开式链接点：分解型展开
链接点：	
融合（Acquire） 塑造 IDEA 对应的融合 ——获取听众共鸣	场景式融合点：事业型场景
融合点：	

IDEA 演讲提纲（竞选竞聘）说明如下：

竞选竞聘演讲主要分为"问题解决类"和"优势展示类"两大类型。前者指的是演讲者通过提出解决当前面临问题的方案获得支持，后者指的是演讲者通过提出自己胜任目标职位的优势获得支持。当演讲时间充裕时，两者也可以结合在一起，形成综合类竞选竞聘演讲。

(1) 印象部分采用了"标签式印象点（身份型）"和"结果式印象点（成就型）"，这是由竞选竞聘演讲的本身特征决定的。身份型标签可以展现竞选竞聘者一定的实力；此外，投票人对竞选竞聘者过去做事情的"结果"感兴趣，成就型结果具备较强的说服力。

(2) 欲望部分采用了"情感式欲望点（同理心型）"和"价值式欲望点"。作为竞选竞聘者，如果选择"问题解决类"，你需要通过唤醒听众情感式欲望点（同理心型）的方式，说出目前企业或组织面临的问题，让听众意识到问题的严重性或迫切性；如果选择"优势展示类"，你需要通过唤醒听众价值式欲望点的方式，说出当选后能够给企业或组织带来什么价值。只有这样，听众才会对你接下来的演讲内容充满聆听的渴望。

(3) 链接部分采用了"展开式链接点（分解型）"和"证明式链接点（解释型）"。作为竞选竞聘者，如果选择"问题解决类"，你需要通过展开式链接点（分解型）全面展开你解决企业或组织严重或迫切问题的措施；如果选择"优势展示类"，你需要通过证明式链接点（解释型）充分说明你的相关优势，从而解释你为什么胜任目标职位。这是你赢得听众投票支持的关键。

(4) 融合部分采用了"场景式融合点（事业型）"。竞选竞聘者想得到听众的投票，就需要在演讲结束时塑造一个诱人的事业空间。如果大家愿意跟着你走进这个空间，共同朝着美好的目标奋斗。作为空间构建者，你将极有可能竞选竞聘成功！

根据 IDEA 演讲提纲（竞选竞聘）说明，不难看出，本节开篇案例中小吉选择的是"问题解决类"。以下是他的 IDEA 演讲提纲以及演讲全文：

IDEA 演讲提纲 （竞选竞聘版）	
IDEA（想法）	我可以改变商学院同学们缺乏展示与交流的局面
印象（Impression） 建立 IDEA 匹配的印象 ——引发听众关注	印1 标签式印象点：身份型标签 印2 结果式印象点：成就型结果

(续)

IDEA 演讲提纲 （竞选竞聘版）	
印象点：印 1：文化传媒公司创始人；印 2：①管理着一支 200 人左右的团队 ②获得某创业大赛全国银奖	
欲望（Desire） 唤醒 IDEA 相关的欲望 ——激活听众渴望	欲 1 情感式欲望点：同理心型情感 欲 2 价值式欲望点：A 增益型价值　B 减损型价值
欲望点：欲 1（焦虑感）：问题再不解决，读 MBA 的价值会产生很大的流失，该怎么办？	
链接（Explore） 植入 IDEA 有效的链接 ——输入听众信息	链 1 证明式链接点：解释型证明 链 2 展开式链接点：分解型展开
链接点：链 2：①开展特色分享活动 ②建立跨校交流机制 ③组织参加全国性赛事	
融合（Acquire） 塑造 IDEA 对应的融合 ——获取听众共鸣	场景式融合点：事业型场景
融合点：一同书写 MBA 联合会新的篇章	

✔ 竞选演讲全文 （问题解决类）

IDEA（印象）：大家好，我叫小吉，我今天竞选的岗位是 MBA 联合会主席。我是一家文化传媒公司的创始人，管理着一支 200 人左右的团队；2020 年我参加了某创业大赛，获得了全国银奖。

IDEA（欲望）：我相信今天在场的每一位同学之所以选择读 MBA，有一个重要原因是大家都处于事业的上升期，需要接触更优质的人脉。然而，当前 MBA 联合会有特色的活动不多，同学们自我展示与交流的机会太少，而且我们和同城商学院的同学们之间几乎是隔绝的，更别提全国其他地区的商学院。这些问题如果得不到改善，我们读 MBA 的价值将会产生很大的流失。

IDEA（链接）：如果我有幸当选 MBA 联合会主席，我将从 3 个方面改善目前的局面：第一，开展特色分享活动……第二，建立跨校交流机制……第三，组织参加全国性赛事，比如国际商学院演讲挑战赛……

IDEA（融合）：我希望有机会带领大家共同奋斗，充分落实以上改善措施，让更多同学有机会在更多更大的舞台上进行展示和交流，我们一同书写 MBA 联合会新的篇章！

小吉凭借这篇精彩的竞选演讲，以高票成功当选该所商学院的 MBA 联合会主席。另外，根据 IDEA 演讲模型（竞选竞聘版），你可以很轻松地将其改编成"优势展示类"竞选竞聘演讲。

IDEA 演讲提纲（竞选竞聘版）	
IDEA（想法）	我适合担任 MBA 联合会主席
印象（Impression） 建立 IDEA 匹配的印象 ——引发听众关注	印 1 标签式印象点：身份型标签 印 2 结果式印象点：成就型结果
印象点：印 1：文化传媒公司创始人；印 2：①管理着一支 200 人左右的团队 ②获得某创业大赛全国银奖	
欲望（Desire） 唤醒 IDEA 相关的欲望 ——激活听众渴望	欲 1 情感式欲望点：同理心型情感 欲 2 价值式欲望点：A 增益型价值　B 减损型价值
欲望点：欲 2A：①获得更多自我展示与交流的机会 ② 增强同学们之间的深度交流 ③链接全国其他商学院的优质资源	
链接（Explore） 植入 IDEA 有效的链接 ——输入听众信息	链 1 证明式链接点：解释型证明 链 2 展开式链接点：分解型展开

(续)

IDEA 演讲提纲（竞选竞聘版）
链接点：链1：①组织能力强 ②沟通能力强 ③商学院资源丰富
融合（Acquire）
塑造 IDEA 对应的融合　　场景式融合点：事业型场景 ——获取听众共鸣
融合点：一同书写 MBA 联合会新的篇章

✓ 竞选演讲全文（优势展示类）

IDEA（印象）：大家好，我叫小吉，我今天竞选的岗位是MBA联合会主席。我是一家文化传媒公司的创始人，管理着一支200人左右的团队；2020年我参加了某创业大赛，获得了全国银奖。

IDEA（欲望）：我相信今天在场的每一位同学之所以选择读MBA，有一个重要原因是大家都处于事业的上升期，需要接触更优质的人脉。如果我有幸当选MBA联合会主席，我将会组织丰富多彩的高质量社交活动，给同学们更多自我展示与交流的机会，增强同学们之间的深度交流，甚至链接全国其他地区商学院的优质资源。

IDEA（链接）：总结来说，我有3点优势可以胜任这个岗位。第一，组织能力强。我曾经组织过多个大型活动……第二，沟通能力强。我善于倾听同学们的需求并且及时做出有效回应……第三，商学院资源丰富。我和全国近30所商学院的领导老师保持着良好的关系……

IDEA（融合）：我希望有机会带领大家共同奋斗，让更多同学有机会在更多更大的舞台上进行展示和交流，我们一同书写

MBA 联合会新的篇章!

如果演讲时间充裕,你可以将"问题解决类"竞选竞聘演讲和"优势展示类"竞选竞聘演讲结合在一起,形成综合类竞选竞聘演讲,从而增加竞选竞聘成功的可能性。以小吉竞选演讲为例:

IDEA 演讲提纲(竞选竞聘版)	
IDEA(想法)	我将是一位称职的 MBA 联合会主席
印象(Impression) 建立 IDEA 匹配的印象 ——引发听众关注	印 1 标签式印象点:身份型标签 印 2 结果式印象点:成就型结果
印象点:印 1:文化传媒公司创始人;印 2:①管理着一支 200 人左右的团队 ②获得某创业大赛全国银奖	
欲望(Desire) 唤醒 IDEA 相关的欲望 ——激活听众渴望	欲 1 情感式欲望点:同理心型情感 欲 2 价值式欲望点:A 增益型价值　B 减损型价值
欲望点:欲 2A:①获得更多自我展示与交流的机会 ② 增强同学们之间的深度交流 ③链接全国其他商学院的优质资源	
链接(Explore) 植入 IDEA 有效的链接 ——输入听众信息	链 1 证明式链接点:解释型证明 链 2 展开式链接点:分解型展开
链接点:链 1:①组织能力强 ②沟通能力强 ③商学院资源丰富;链 2:①开展特色分享活动 ②建立跨校交流机制 ③组织参加全国性赛事	
融合(Acquire) 塑造 IDEA 对应的融合 ——获取听众共鸣	场景式融合点:事业型场景
融合点:一同书写 MBA 联合会新的篇章	

✓ 竞选演讲全文（综合类）

　　IDEA（印象）：大家好，我叫小吉，我今天竞聘的职位是MBA联合会主席。我是一家文化传媒公司的创始人，管理着一支200人左右的团队；2020年我参加了某创业大赛，获得了全国银奖。

　　IDEA（欲望）：我相信今天在场的每一位同学之所以选择读MBA，有一个重要原因是大家都处于事业的上升期，需要接触更优质的人脉。如果我有幸当选MBA联合会主席，我将会组织丰富多彩的高质量社交活动，给同学们更多自我展示与交流的机会，增强同学们之间的深度交流，甚至链接全国其他商学院的优质资源。

　　IDEA（链接）：总结来说，我有3点优势可以胜任这个岗位。第一，组织能力强。我曾经组织过多个大型活动……第二，沟通能力强。我善于倾听同学们的需求并且及时做出有效回应……第三，商学院资源丰富。我和全国近30所商学院的领导老师保持着良好的关系……

　　如果我是MBA联合会主席，我将从3个方面改善目前的局面：第一，开展特色分享活动……第二，建立跨校交流机制……第三，组织参加全国性赛事，比如国际商学院演讲挑战赛……

　　IDEA（融合）：我希望有机会带领大家共同奋斗，充分落实以上改善措施，让更多同学有机会在更多更大的舞台上进行展示和交流，我们一同书写MBA联合会新的篇章！

>> **案例分析**

　　小曹是一位非常出色的医疗工作者，最近他参加了某三甲医院组织的儿科医师岗位竞聘。以下是他的竞聘演讲内容以及 IDEA 演讲模型解析：

> 大家好，我叫小曹，感谢医院领导给我这次展示自己的机会，我竞聘的是儿科医师岗位。我目前是临床执业医师，大学本科学历，从事儿科相关工作已有 5 年，2017 年被某市授予"百佳医务工作者"称号。
>
> 我充分践行理论与实践相结合的指导思想，在过去几年的工作中，积累了大量儿科临床工作经验。我对各种儿科疑难杂症都有一些深入的研究，希望能够帮助我院提升儿科诊疗水平。
>
> 我认为我能胜任这个岗位的优势概括起来有 3 点。第一，个人品质过硬，工作兢兢业业是我的生命线，曾获得各类嘉奖……第二，熟悉岗位流程，我从事儿科临床工作多年……第三，具备良好沟通能力。我能妥善指导处理医患矛盾……
>
> 我无比热爱着本职事业，愿意为之付出一生的努力。如果今天我有幸竞聘成功，在未来的工作中，我相信可以与同事们一起铸就我院儿科临床新辉煌，不辜负在座各位领导的信任与支持。

IDEA 演讲提纲（竞选竞聘版）	
IDEA（想法）	我适合儿科医师岗位
印象（Impression） 建立 IDEA 匹配的印象 ——引发听众关注	印 1 标签式印象点：身份型标签 印 2 结果式印象点：成就型结果
印象点：印 1：临床执业医师；印 2：①从事儿科相关工作已有 5 年 ②被某市授予"百佳医务工作者"称号	
欲望（Desire） 唤醒 IDEA 相关的欲望 ——激活听众渴望	欲 1 情感式欲望点：同理心型情感 欲 2 价值式欲望点：A 增益型价值　B 减损型价值

（续）

IDEA 演讲提纲（竞选竞聘版）	
欲望点：欲2A：帮助我院提升儿科诊疗水平	
链接（Explore） 植入 IDEA 有效的链接 ——输入听众信息	链1 证明式链接点：解释型证明 链2 展开式链接点：分解型展开
链接点：链1：①个人品质过硬 ②熟悉岗位流程 ③具备良好的沟通能力	
融合（Acquire） 塑造 IDEA 对应的融合 ——获取听众共鸣	场景式融合点：事业型场景
融合点：一起铸就我院儿科临床新辉煌	

05

卓越商务演讲，高效推广项目产品

小柯是某著名童装品牌营销总监，她经常参加一些重要的商务场合并上台发表演讲，目的是吸引更多人加盟她的童装品牌。起初，小柯上台演讲时喜欢一个劲儿夸自己的产品有多好，但却失望地发现台下很多听众在各自聊天，完全不在意。后来在朋友的推荐下，她找到我寻求帮助。在我的指导下，她改变了以往"王婆卖瓜，自卖自夸"的错误思维模式，严格按照 IDEA 演讲模型展开自己的演讲，加上小柯本身语言感染力很强，现场演讲效果出奇的好。每次演讲结束后，总有很多人找她洽谈合作。

该案例中，小柯的演讲属于典型的商务演讲。商务演讲的主要目的是推广项目或产品，对演讲的逻辑性要求极高。一场成功的商务演讲可以促成大量现场的商务意向甚至订单成交，这是为什么越来越多的企业高管以及创业者重视商务演讲的根本原因。

经过 IDEA 演讲模型的学习，小柯现在已经是一名商务演讲高手，她习惯性地在演讲前列出 IDEA 演讲提纲。第一步，小柯先明确演讲的 IDEA（想法）即"我的童装品牌值得加盟"，然后根据 IDEA 演讲模型层层推进，不知不觉地将她的 IDEA（想法）植入听众的心智。当然，IDEA 演讲模型需要根据商务演讲的本质属性进行简化，具体如下：

IDEA 演讲提纲（商务演讲版）	
IDEA（想法）	
印象（Impression） 建立 IDEA 匹配的印象 ——引发听众关注	印 1 标签式印象点：A 能力型标签　B 特色型标签 　　　　　　　　　　C 身份型标签 印 2 结果式印象点：A 成就型结果　B 目标型结果
印象点：	
欲望（Desire） 唤醒 IDEA 相关的欲望 ——激活听众渴望	欲 1 情感式欲望点：同理心型情感 欲 2 价值式欲望点：A 增益型价值　B 减损型价值
欲望点：	
链接（Explore） 植入 IDEA 有效的链接 ——输入听众信息	证明式链接点：A 经历型证明　B 解释型证明
链接点：	
融合（Acquire） 塑造 IDEA 对应的融合 ——获取听众共鸣	场景式融合点：A 生活型场景　B 事业型场景
融合点：	

IDEA 演讲提纲（商务演讲版）说明如下：

（1）印象部分采用了"标签式印象点"和"结果式印象点"。标签式印象点用于演讲者，目的是快速吸引听众对演讲者的注意力；结果式印象点用于推广的项目或产品，目的是使其更具说服力。

（2）欲望部分采用了"价值式欲望点"和"情感式欲望点（同理心型）"。在商务演讲场景中，听众通常是投资人、潜在合作伙伴或者客户，他们是非常"现实"的。只有当价值式欲望点被唤醒，听众得知可以给自己带来某种价值，才会有兴趣继续听下去。为了增强效果，你可以选择在价值式欲望点前设置情感式欲望点（同理心型）。先通过唤醒听众同理心的方式使得听众产生某种迫切诉求，再结合价值式欲望点，这样将极大提升听众的聆听渴望。

(3) 链接部分采用了"证明式链接点"。作为演讲者，你可以采用经历型证明的方式，讲述自己的创业经历；也可以采用解释型证明的方式，说出你项目的优势。另外，根据我多年的实战经验，商务演讲时听众的耐心有限，对时间相对比较敏感。因此，如果你采用解释型证明，有时需要在链接前明确告知听众链接时长及全部链接点。

(4) 融合部分采用了"场景式融合点"。在不同情形下，你可以选择使用生活型场景或事业型场景。如果你面临的是推广产品例如促进购买，就选择生活型场景，目的是塑造一个使用产品的美好生活空间；如果你面临的是推广项目例如诚邀加盟，就选择事业型场景，目的是塑造一个共同奋斗的美好事业空间。

根据 IDEA 模型（商务演讲版），小柯结合某童装品牌的实际情况，列出了自己的 IDEA 演讲提纲：

IDEA 演讲提纲（商务演讲版）	
IDEA（想法）	我的童装品牌值得加盟
印象（Impression） 建立 IDEA 匹配的印象 ——引发听众关注	印1 标签式印象点：A 能力型标签　B 特色型标签 　　　　　　　　　　C 身份型标签 印2 结果式印象点：A 成就型结果　B 目标型结果

印象点：印1C：品牌营销总监；印2A：①获得了"浙江省十大品牌童装"荣誉称号 ②全国品牌加盟商已超过300家

(续)

IDEA 演讲提纲（商务演讲版）	
欲望（Desire） 唤醒 IDEA 相关的欲望 ——激活听众渴望	欲1 情感式欲望点：同理心型情感 欲2 价值式欲望点：A 增益型价值　B 减损型价值
欲望点：欲1（焦虑感）：经济下滑时创业须谨慎，选错行业将血本无归，那我该选什么行业呢？欲2A：可以让你的财富迅速倍增	
链接（Explore） 植入 IDEA 有效的链接 ——输入听众信息	证明式链接点：A 经历型证明　B 解释型证明
链接点：链B：①覆盖面广　②体验度高　③影响力大	
融合（Acquire） 塑造 IDEA 对应的融合 ——获取听众共鸣	场景式融合点：A 生活型场景　B 事业型场景
融合点：融B：一起经营某童装品牌	

IDEA（印象）：大家好，我叫小柯，我是某童装品牌营销总监。我们曾经获得了"浙江省十大品牌童装"荣誉称号，目前全国品牌加盟商已经超过300家。

IDEA（欲望）：在座的各位参加本次会议，相信你们中的很多人正在寻找好的创业项目。但我们不得不面对一个现实，由于诸多原因，经济已出现整体下滑，创业必须更加谨慎，要找对行业，跟对趋势。一旦选错行业，将会血本无归，很难东山再起！当前，国家已经开放了二胎、三胎政策，市场对童装的需求量逐年递增，选择童装行业就等于选择了一个朝阳行业，可以让你的财富迅速倍增。

IDEA（链接）：接下来，我将用5分钟的时间介绍我们童装品牌的加盟优势，它们分别是：覆盖面广、体验度高、影响力大。第一，覆盖面广。产品覆盖 0～16 岁儿童的服装、童鞋、配饰品……第二，体验度高。我们提供一站式服务……第三，影响力大。全国多家重要媒体对我们品牌进行了系列报道……

IDEA（融合）：如果你想投身创业，想改变生活现状，我诚挚邀请你加盟我们的品牌，让我们一起经营某童装品牌。

>> 案例分析（一）

某牛奶超级工厂联合创始人小志最近参加了《创业中国人》，这是国内首档大型创投服务类节目。为了寻找合作伙伴，他在演播大厅面向全国观众做了一场精彩的商务演讲。演讲结束后，现场所有的资本方代表均亮灯表示支持。以下是当时小志的商务演讲全文以及 IDEA 演讲模型解析：

大家好，我是某牛奶超级工厂联合创始人小志（化名），我们是一个专注乳品销售的新零售企业。到现在为止，我们拥有 300 多家门店，公司覆盖了 155 个市场，同时也跟国内的众多知名乳企签订了战略合作……

众所周知，牛奶具有丰富的营养价值，专家们提倡我们每天要喝一杯牛奶，就是为了增强体质，促进身体健康。大众的健康意识日趋增强，喝牛奶成了追求健康的刚需。大家知道吗？2021 年国内的人均饮奶量只有 40 毫升。与国外差距还是很大的，远远落后于日均饮奶 300 毫升的标准，所以我们的市场容量巨大，发展前景广阔……

我们某牛奶超级工厂的优势有以下几个方面：首先是价格优势明显，因为我们是跟各大乳企签订的特供渠道、特供经销，享受的是特供价格……第二个方面是落地简单、执行快、可复制，我们的门店不需要很豪华的装修，只要有一台冰柜，几个货柜，我们就能很快地开业……第三个，我们有强大的会员体系，我们主推的299会员可以让消费者在一年里,每个月去我们门店领取一箱牛奶……

今天我来到了《创业中国人》的舞台,就是想找更多跟我一样有愿景的合作伙伴加入我们,一起让我们某超级牛奶工厂的超级会员店开到更多人的身边,辐射更多的小区,我想让中国的每一个家庭能喝上既实惠又好喝的牛奶。我是某牛奶超级工厂联合创始人小志,谢谢大家。

资料来源:本案例中的演讲素材来自《创业中国人》节目

IDEA 演讲提纲(商务演讲版)	
IDEA(想法)	我的牛奶超级工厂值得合作
印象(Impression) 建立 IDEA 匹配的印象 ——引发听众关注	印1 标签式印象点:A 能力型标签　B 特色型标签 　　　　　　　　　　C 身份型标签 印2 结果式印象点:A 成就型结果　B 目标型结果
印象点:印1C:联合创始人;印2A:①拥有300多家门店 ②覆盖了155个市场 ③跟国内的众多知名乳企签订了战略合作	
欲望(Desire) 唤醒 IDEA 相关的欲望 ——激活听众渴望	欲1 情感式欲望点:同理心型情感 欲2 价值式欲望点:A 增益型价值　B 减损型价值
欲望点:欲1(期待感):我们的牛奶市场容量巨大,发展前景广阔	
链接(Explore) 植入 IDEA 有效的链接 ——输入听众信息	证明式链接点:A 经历型证明　B 解释型证明
链接点:链B:①价格优势明显 ②落地简单、执行快、可复制 ③强大的会员体系	
融合(Acquire) 塑造 IDEA 对应的融合 ——获取听众共鸣	场景式融合点:A 生活型场景　B 事业型场景
融合点:融B:一起让我们某超级牛奶工厂的超级会员店开到更多人的身边	

>> **案例分析（二）**

一个 90 后农村女孩小阳报名参加了著名创业融资节目《合伙中国人》，面对总身价超千亿的商界大佬们进行了一场商务演讲。小阳的演讲逻辑清晰，表达严谨，最终获得了真格基金创始人徐小平的一大笔投资，项目估值近 1 个亿。以下是小阳的商务演讲全文以及 IDEA 演讲模型解析：

> 我叫小阳（化名），在网络上大家都叫我"书香姑娘"。我来自湖北仙桃的一个农村，今年 24 岁，在深圳创业；我的项目叫某直供，是国内首家农产品众包式零售平台。我今天来的目的呢，是融资 450 万，出让 3% 的股份。
>
> 某直供是一个连接良心农人和家庭主妇的农产品社交电商平台，通过分享优质的农产品可以获得收益的方式，让农产品通过社交传播的方式得以快速销售。
>
> 我大一的时候开始创业，然后大三的时候退学，开始全心全意地探索新世界。我们 APP 是在 2016 年的元旦上线，第一个月我们的用户只有 3000 多个，但我们的销售额达到 100 多万。然后 2 月份的时候，因为春节不能发货，所以我们的订单出现了下滑，3 月份的时候我们的流水又回升到了 100 多万，我们保守估计今年可以做到 7000 多万的销售额……
>
> 我们希望能够通过我们这一群年轻人的努力，成为全中国最大的农产品社交电商平台。

资料来源：本案例中的演讲素材来自《合伙中国人》节目

IDEA 演讲提纲（商务演讲版）	
IDEA（想法）	我的项目值得投资
印象（Impression） 建立 IDEA 匹配的印象 ——引发听众关注	印 1 标签式印象点：A 能力型标签　B 特色型标签 　　　　　　　　　　C 身份型标签 印 2 结果式印象点：A 成就型结果　B 目标型结果
印象点：印 1B：书香姑娘；印 2B：融资 450 万，出让 3% 的股份	
欲望（Desire） 唤醒 IDEA 相关的欲望 ——激活听众渴望	欲 1 情感式欲望点：同理心型情感 欲 2 价值式欲望点：A 增益型价值　B 减损型价值
欲望点：欲 2A：让农产品通过社交传播的方式得以快速销售	
链接（Explore） 植入 IDEA 有效的链接 ——输入听众信息	证明式链接点：A 经历型证明　B 解释型证明
链接点：链 A：大一创业、大三退学，目前项目预计将做到 7000 多万销售额	
融合（Acquire） 塑造 IDEA 对应的融合 ——获取听众共鸣	场景式融合点：A 生活型场景　B 事业型场景
融合点：融 B：一群年轻人努力打造全中国最大的农产品社交电商平台	

06

出色专题分享，让你成为行业讲师

小浩是某金融公司的理财规划师，由于行业内部竞争太激烈，业绩一直不温不火。他时常感到焦虑，一直在思考如何更好地获得客户。去年，小浩参加了公司组织的 IDEA 演讲模型专场培训，思维模式由传统的顾问型销售转变成讲师型销售。后来，他通过不断开展专题分享，向目标人群传递有价值的理财知识，最终吸引了大量的优质客户。

当下，整个社会已经走进全面"内卷"时代，像小浩一样焦虑的职场精英比比皆是。如何脱颖而出呢？成为一名行业讲师是最好的方式之一，你可以通过输出专业知识建立个人 IP（即影响力），拥有属于自己的粉丝群体。记住，粉丝永远是最忠实的客户。小浩一开始很担心自己当不了讲师，觉得做专题分享是一件特别难的事情，但自从学习了 IDEA 演讲模型，他对讲课充满了信心和冲动。经过几十次的专题分享积累，小浩现在已经是一名出色的理财规划行业讲师，越来越多的听众成为他的粉丝。

小浩每次专题分享前都会列出 IDEA 演讲提纲，这已经成了他的职业习惯。当然，IDEA 演讲提纲需要根据专题分享的本质属性进行简化。具体如下：

IDEA 演讲提纲（专题分享版）	
IDEA（想法）	
印象（Impression） 建立 IDEA 匹配的印象 ——引发听众关注	印1 标签式印象点：A 能力型标签　B 特色型标签 　　　　　　　　　　C 身份型标签 印2 结果式印象点：A 成就型结果　B 目标型结果
印象点：	
欲望（Desire） 唤醒 IDEA 相关的欲望 ——激活听众渴望	欲1 情感式欲望点：同理心型情感 欲2 认知式欲望点：A 经验型认知　B 解惑型认知 欲3 价值式欲望点：A 增益型价值　B 减损型价值
欲望点：	
链接（Explore） 植入 IDEA 有效的链接 ——输入听众信息	展开式链接点：分解型展开
链接点：	
融合（Acquire） 塑造 IDEA 对应的融合 ——获取听众共鸣	融1 场景式融合点：生活型场景 融2 精神式融合点：哲理型精神
融合点：	

IDEA 演讲提纲（专题分享）说明如下：

（1）印象部分采用了"标签式印象点"和"结果式印象点"。标签式印象点可以快速吸引听众对演讲者的注意力；结果式印象点可以让听众对演讲者产生信任感。

（2）欲望部分采用了"情感式欲望点（同理心型）""认知式欲望点"以及"价值式欲望点"。演讲者可以通过唤醒听众同理心、某种认知需求或者某种价值需求的方式，使得听众对接下来的专题分享充满了兴趣。

(3) 链接部分采用了"展开式链接点（分解型）"。专题分享的核心目的是传递专业知识，演讲者需要通过分解型展开的方式讲述重要知识点，这样会更加直接和清晰。同时，为了让听众更有耐心听你的分享，建议在链接前明确告知听众链接时长及全部链接点。

(4) 融合部分采用了"场景式融合点（生活型）"和"精神式融合点（哲理型）"。演讲者需要在演讲结尾构建一个美好的生活空间，如果听众愿意走进这样的空间，就表明接受了你传递的 IDEA（想法）；也可以借助哲理性语句或故事营造一个美好的精神空间，从而吸引听众进入。

理财规划师小浩面对目标客户做专题分享时，他想传递的 IDEA（想法）是"科学守护个人财富的方法"。为了将这个 IDEA（想法）顺利植入听众的心智，小浩列出了下面的演讲提纲：

IDEA 演讲提纲（专题分享版）	
IDEA（想法）	科学守护个人财富的方法
印象（Impression） 建立 IDEA 匹配的印象 ——引发听众关注	印 1 标签式印象点：A 能力型标签　B 特色型标签 　　　　　　　　　　C 身份型标签 印 2 结果式印象点：A 成就型结果　B 目标型结果
印象点：印 1C：理财规划师；印 2A：帮助 1000 多名客户实现资产大幅度增值	
欲望（Desire） 唤醒 IDEA 相关的欲望 ——激活听众渴望	欲 1 情感式欲望点：同理心型情感 欲 2 认知式欲望点：A 经验型认知　B 解惑型认知 欲 3 价值式欲望点：A 增益型价值　B 减损型价值
欲望点：欲 1（期待感）：我也想让资产不仅没有减值，而且翻一倍。	
链接（Explore） 植入 IDEA 有效的链接 ——输入听众信息	展开式链接点：分解型展开

(续)

IDEA 演讲提纲（专题分享版）	
链接点：①确定理财目标 ②明确投资期限 ③选择投资方案	
融合（Acquire） 塑造 IDEA 对应的融合 ——获取听众共鸣	融 1 场景式融合点：生活型场景 融 2 精神式融合点：哲理型精神
融合点：融 1：不用再担心财富流失而且如果有疑问可以参加投资分析沙龙活动	

✓ 专题分享全文

IDEA（印象）：大家好，我叫小浩，我是一名理财规划师，来自某金融公司。在过去的 5 年里，我帮助 1000 多名客户实现资产大幅度增值。

IDEA（欲望）：2 年前，我遇到过一个客户，受传统思维的影响，她喜欢把钱存在银行里。虽然每年会有利息，但由于通货膨胀，实际上她的钱已经缩水了好几万。后来我帮她做了理财规划，进行资产合理配置，现在她的资产不仅没有减值，而且几乎翻了一倍！

IDEA（链接）：接下来，我将会用 10 分钟的时间和大家分享"如何科学守护你的个人财富"，总共有 3 个要点，它们分别是："确定理财目标""明确投资期限""选择投资方案"。第一，确定理财目标……第二，明确投资期限……第三，选择投资方案……

IDEA（融合）：今天听完我的分享，希望大家会有所收获。我相信，只要你们积极运用我建议的理财规划方案，以后的生活就再也不用担心财富流失。如果有什么疑问需要进一步解决,我们公司会定期举办投资分析沙龙活动,到时欢迎大家的参与。

>> **案例分析**

小琪是一家五星级酒店的客户经理,她需要经常给员工做培训。最近她做了一场专题分享,题目是《赢得顾客的芳心》。以下是她的专题分享全文以及 IDEA 演讲模型解析:

  各位同事好,我是客户经理小琪。我在某酒店已经工作了近 8 年时间,成功处理过 50 多件重大投诉,曾经连续三年获得集团公司"年度优秀员工"称号。今天,我想和大家分享的主题是《赢得顾客的芳心》。

  处理客户投诉是一件非常有意义的事情。客户会因为投诉得到及时妥善处理,成为我们的忠实用户。此外,客户投诉为我们和客户架起了深入沟通的桥梁,而且客户投诉有时隐藏着重要的信息,比如可以让我们了解客户的最新诉求,从而发现新的市场机会。

  我们可以通过 3 个步骤高效处理客户投诉:第一步,倾听意见。我们要保持足够的耐心,认真倾听客户意见……第二步,抓住要点。我们要快速抓住投诉要点,同时判断投诉是否合理……第三步,提供方法。为合理投诉提供解决方法……

  最后,我想用自己特别喜欢的一句话结束这次的分享:对待客户要像对待恋人一样。我们一定要珍惜客户、爱护客户,面对客户的投诉就像面对恋人的抱怨,不能草草了事,要及时妥善解决,否则会带来长时间的悔恨。

IDEA 演讲提纲（专题分享版）	
IDEA（想法）	高效处理客户投诉的技巧
印象（Impression） 建立 IDEA 匹配的印象 ——引发听众关注	印1 标签式印象点：A 能力型标签　B 特色型标签　　　　　　　　　　　C 身份型标签 印2 结果式印象点：A 成就型结果　B 目标型结果
印象点：印1C：客户经理；印2A：①成功处理过50多件重大投诉 ②连续三年获得集团公司年度优秀员工称号	
欲望（Desire） 唤醒 IDEA 相关的欲望 ——激活听众渴望	欲1 情感式欲望点：同理心型情感 欲2 认知式欲望点：A 经验型认知　B 解惑型认知 欲3 价值式欲望点：A 增益型价值　B 减损型价值
欲望点：欲3A：①客户成为我们的忠实用户 ②为我们和客户架起了深入沟通的桥梁 ③发现新的市场机会	
链接（Explore） 植入 IDEA 有效的链接 ——输入听众信息	展开式链接点：分解型展开
链接点：①倾听意见 ②抓住要点 ③提供方法	
融合（Acquire） 塑造 IDEA 对应的融合 ——获取听众共鸣	融1 场景式融合点：生活型场景 融2 精神式融合点：哲理型精神
融合点：融2：对待客户要像对待恋人一样	

07

完美主题演讲，听众成为你的粉丝

为了鼓励全国各高校商学院的同学们通过演讲"绽放魅力，连接彼此"，国际商学院演讲挑战赛组委会发起了一项演讲分享活动："国演星故事"公益计划。参与活动的同学都需要做一场8分钟的主题演讲，通过讲述自己的故事展现自己，从而促进同学们之间的深度交流合作。全国各地很多院校领导认为星故事计划非常有意义，纷纷积极组织开展该项活动。活动初期，不少同学面临着一个共同的问题：非常感兴趣，但不敢报名，担心讲不好。为了解决此问题，国演组委会组织了 IDEA 演讲模型巡回专题讲座，效果显著。有同学在听完讲座后，激动地说："感觉演讲新世界的大门从此被打开！"

同上，本书第一章第 2 节创业者小露的演讲案例中，小露一开始也对即将在青年创业论坛上发表主题演讲不知所措，但自从学习了 IDEA 演讲模型之后，她立刻变得信心十足。小露的创业经历很特别，大学毕业后她选择去上海打拼，事业小有成就。突然有一天，小露决定离开自己待了快 10 年的大都市，在海南的一个小岛上开了一间民宿，过着面朝大海、春暖花开的生活。她特别希望通过这场主题演讲吸引更多人的关注，甚至成为她的民宿客户。

针对主题演讲，IDEA 演讲提纲需要根据主题演讲的本质属性进行简化，形成 IDEA 演讲提纲（主题演讲版）。具体如下：

IDEA 演讲提纲（主题演讲版）	
IDEA（想法）	
印象（Impression） 建立 IDEA 匹配的印象 ——引发听众关注	印 1 标签式印象点：B 特色型标签　C 身份型标签 印 2 结果式印象点：成就型结果 印 3 辅助式印象点：A 服饰型辅助　B 道具型辅助
印象点：	
欲望（Desire） 唤醒 IDEA 相关的欲望 ——激活听众渴望	欲 1 情感式欲望点：A 好奇心型情感　B 同理心型情感 欲 2 认知式欲望点：A 经验型认知　B 解惑型认知
欲望点：	
链接（Explore） 植入 IDEA 有效的链接 ——输入听众信息	链 1 证明式链接点：A 经历型证明　B 解释型证明 链 2 诠释式链接点：案例型诠释 链 3 展开式链接点：分解型展开
链接点：	
融合（Acquire） 塑造 IDEA 对应的融合 ——获取听众共鸣	融 1 场景式融合点：生活型场景 融 2 精神式融合点：A 号召型精神　B 哲理型精神
融合点：	

IDEA 演讲提纲（主题演讲）说明如下：

(1) 印象部分采用了"标签式印象点（特色型、身份型）""结果式印象点（成就型）"以及"辅助式印象点（服饰型、道具型）"。这几类印象点都可以帮助演讲者在主题演讲中突显自己，从而引发听众的高度关注。例如：本书第二章第 2 节中探险家张昕宇的演讲案例（特色型标签）和北京师范大学小宋的演讲案例（身份型标签）；第二章第3节中"当代福尔摩斯"李昌钰博士的演讲案例（成就型结果）；第二章第4节中东南大学小玉同学的演讲案例（服饰型辅助）和建筑设计师的演讲案例（道具型辅助）。

(2) 欲望部分采用了"情感式欲望点（好奇心型、同理心型）"和"认知式欲望点（经验型、解惑型）"。演讲者通过唤醒听众的好奇心、同理心或者唤醒听众对获取某种经验、解决某种困惑的认知需求，从而让听众产生聆听渴望。例如：本书第三章第2节中苹果创始人乔布斯的演讲案例（好奇心型情感）和新东方创始人俞敏洪的演讲案例（同理心型情感）；第三章第3节中小米创始人雷军的演讲案例（经验型认知）和制片人方励老师的演讲案例（解惑型认知）。

(3) 链接部分采用了"证明式链接点"（经历型、解释型）、"诠释式链接点"（案例型）以及"展开式链接点（分解型）"。演讲者可以通过讲述经历、解释说明，借助经典案例或者分解提炼的方式建立有效链接点，将IDEA（想法）与听众的心智进行链接。例如：本书第四章第2节中健身教练Will演讲案例（经历型证明）和董宇辉老师的演讲案例（解释型证明）；本书第四章第3节中北大才女小刘的演讲案例（案例型诠释）；本书第四章第4节中苹果公司创始人乔布斯的演讲案例（分解型展开）。

(4) 融合部分采用了场景式融合点（生活型）和精神式融合点（号召型、哲理型）。演讲者通过构建美好的生活空间或积极的精神空间，吸引听众进入空间从而获得他们的参与、支持或响应。例如：本书第五章第2节中黑人运动领袖马丁·路德·金的演讲案例（生活型场景）；本书第五章第3节中英国前首相丘吉尔的演讲案例（号召型精神）和罗振宇的演讲案例（哲理型精神）。

经过我的指导，小露明确了这次主题演讲的 IDEA（想法）："住在海边，无忧无虑"，然后她认真地写下了 IDEA 演讲提纲：

IDEA 演讲提纲（主题演讲版）	
IDEA（想法）	住在海边，无忧无虑
印象（Impression） 建立 IDEA 匹配的印象 ——引发听众关注	印 1 标签式印象点：B 特色型标签　C 身份型标签 印 2 结果式印象点：成就型结果 印 3 辅助式印象点：A 服饰型辅助　B 道具型辅助
印象点：印 1C：民宿老板娘；印 2A：①已经在海岛居住超过了 1500 天　②十大最具特色民宿品牌之一	
欲望（Desire） 唤醒 IDEA 相关的欲望 ——激活听众渴望	欲 1 情感式欲望点：A 好奇心型情感　B 同理心型情感 欲 2 认知式欲望点：A 经验型认知　B 解惑型认知
欲望点：欲 1A：天天加班到很晚、工作压力大导致小露患上严重的焦虑症，接下来她会怎么办？	
链接（Explore） 植入 IDEA 有效的链接 ——输入听众信息	链 1 证明式链接点：A 经历型证明　B 解释型证明 链 2 诠释式链接点：案例型诠释 链 3 展开式链接点：分解型展开
链接点：链 1A：①海岛旅游偶遇一位民宿老板，热情、阳光　②夕阳下去海边赶海、捡贝壳、看日落，感受到了一种从未有过的无忧无虑　③决定留在海岛，开了一间民宿，有一个大大的靠海的院子	
融合（Acquire） 塑造 IDEA 对应的融合 ——获取听众共鸣	融 1 场景式融合点：生活型场景 融 2 精神式融合点：A 号召型精神　B 哲理型精神
融合点：融 1：面朝大海、春暖花开的美好生活。	

列完 IDEA 演讲提纲后，小露突发灵感，想到了一个演讲主题《"不归"的日子》，意思是很享受现在的海边美好生活，再也不想回到过去生活的大都市了。她只花了一个晚上的时间，一气呵成，写完了整个演讲初

稿。放下笔,她兴奋地跳了起来,这要是在以前,起码得花上半个月才能熬出来,而且还不能把自己的想法表达清楚。

小露将演讲初稿发给了我,我给了她一些建议;她稍加修改,这篇演讲作品就定稿了。在后来的青年创业论坛上,主题演讲《"不归"的日子》让小露成为全场的焦点。以下是她的演讲全文:

《"不归"的日子》

IDEA(印象):大家好,我叫小露,我是一家民宿的老板娘。在海南的一个小岛上,我已经连续居住了 1500 多天,每天都过着无比惬意的生活。很有幸的是,我的民宿在去年获得了当地颁发的"十大最具特色民宿品牌"。

IDEA(欲望):时间回到 4 年前,和大部分在大城市打拼的年轻人一样,我在上海过着天天挤地铁、夜夜都加班的生活。某天晚上,我如往常一样加班到快 11 点,突然间,我感觉脑子一阵眩晕,心里发慌。我立刻停止了手上的工作,打车回家。那个晚上,我怎么睡也睡不着,一闭上眼睛,脑子里就飞进各种奇怪的画面。这样的日子持续了一个多星期,我终于忍受不了去看了医生。一通检查之后,医生告诉我,我得了严重的焦虑症。接下来的日子,我每天都是在白天浑浑噩噩、晚上噩梦不断中度过,有时候看到镜子里的自己,竟然有一种强烈的陌生感。我感觉自己快要疯了!

IDEA(链接):那年 11 月,我请了长长的假,准备来一次长途旅行让自己彻底放松一下。因为怕冷,我想去一个温暖的地方,于是最终选择了海南。我很快订好了去三亚的机票,落地后,在当地人的介绍下,我来到了一个非常偏僻但风景极美的小岛。刚上小岛,我碰见一个村民,他年纪很轻,20 多岁的样子。

我问他这个小岛上哪里有酒店可以住宿。他非常热情地告诉我："我叫小K，你可以住我家，我家开了一间民宿，算是这边最早的。"我正在犹豫时，不知道他从哪里突然弄来一辆小三轮，面带灿烂的微笑对我说："坐上来吧，不住没关系，可以看看。"坐着他的小三轮，我在岛上的小村子里绕过来绕过去，一路上被各种各样的珊瑚墙、贝壳墙吸引了，真的太美了！到了小K的家门口，小K对院子里大喊一声："妈，有客人来啦！"只见一位面容非常友善的阿姨迎面小跑过来，手里还端着菜。阿姨对我说："姑娘，路上辛苦啦，刚好到午饭时间了，如果不介意，一起吃吧。"我被这种充满着善良气息的热情打动了，傻傻地说了声："好！"吃饭的过程中，小K向我介绍起了这个岛上的村子。这个村子以前都是渔民，以打鱼为生，后来小岛被开发成旅游景点，大家都陆陆续续开起了民宿，但依然保留了过去的生活习惯和文化，每个人都活得很简单，想得也很简单。阿姨就在旁边认真地看着小K说。吃完饭后，小K带我在他的家里转了一下。我发现每个房间都有一个大大的窗户，面朝大海。打开窗户的一瞬间，我感觉整个人连呼吸都变得清爽。我决定住下来，不仅因为大海的美，更多的是因为小伙子和阿姨的那份浓烈的热情和纯朴。

在岛上了住了几天，我感觉自己的状态慢慢发生了一些改变。一天下午，小K发微信问我要不要去赶海。我很好奇地问他赶海是什么？他说你去了就知道了。于是，我又坐上了他的小三轮，这一路是和之前完全不同的景色。我们飞驰在村子西边沿海的小公路上，吹着咸咸甜甜的海风，听着小K唱着我听不懂的歌曲，来到了一片一望无垠、布满礁石的海滩。小K说，马上潮水就要退去了，我们就可以赶海了，去捡那些可爱的螃蟹和贝壳。

哦，原来这就是赶海呀！

我像个孩子一样，从一块礁石窜到另一块礁石上，到处找礁石四周的螃蟹和贝壳，不一会儿就捡了好多。我忍不住放声大笑起来，把小K吓了一跳。真的太开心啦！我感受到了一种从未有过的无忧无虑。捡累了，我坐在一块离海最近的大礁石上，看着红红的落日慢慢消失在海天相接的地方。突然间，有一股清流冲进我的脑袋，冲散了积郁了很久很久的浑浊。

那一瞬间，我有了一个大胆的想法。我要住下来，开自己的民宿，当一个地道的岛民。我花了大半个月时间，在村子里物色合适的房子。心到细处必有收获，最后我找到了一家有靠海大院子的两层民房。租下来加上装成我想要的样子几乎花光了我所有的积蓄，但我却一直满心欢喜，因为我真的喜欢这种生活，也希望让更多的人有机会感受这种生活。现在，我每天都会接待来自全国各地的游客，我也像小K一样热情地给他们介绍有关村子的一些有趣的事情，我会做海鲜给他们吃，带他们去赶海。看到他们脸上飞扬着无忧无虑的笑容，我的心里升腾起满满的幸福感！

IDEA（融合）：如果你正忙碌在喧嚣的大都市，某天突然感觉有点累，想要放松一下，你可以尝试过一种住在海边、无忧无虑的生活，哪怕只是几天。这几天，你什么也不用去想，我们一起静静地享受面朝大海、春暖花开！

>> 案例分析

曾是全国优秀县委书记、现投身公益事业的陈行甲先生，凭借精彩演讲《我的母亲》获得了第五季《我是演说家》全国总冠军，当时现场观众泪如雨下。以下是他的演讲全文以及IDEA演讲模型解析：

《我的母亲》

我出生在湖北省兴山县高桥乡下湾村,这些年我见过不少的人,可是依然觉得妈妈是我这辈子见过最美丽的女人。她的笑容,温暖得可以融化冰雪。妈妈只念过两年书,她没有跟我讲过什么大道理,却是我人生中的第一个导师。

妈妈离开我已经很多年了,当县委书记的时候,我办公室的书柜的正中间就放着我妈妈的遗像。这么多年,我妈妈就是为我的人生托底的那个人,让我在无数个岔路口走了自己想走的路。

有一次,一个老板到我办公室来谈工作,走的时候留下一个普通品牌的衬衣,打开包装盒,我有生以来第一次见到了一千元面值的港币,在衬衣下面的信封里这样的港币有两百张。就在这个办公室里,我拒绝过一大摞一大摞的钱,拒绝过名牌手表,还有金条。我是怎么做到的呢?除了党的教育、法律的威慑,还有就是我妈妈的人生信条已经深入骨髓地影响了我,那就是做人要干干净净。妈妈常说:爱干净,穷不久。

记得小时候,我们住的土坯屋很破旧,但是屋里屋外总是扫得干干净净,在那间不知住了多少辈人的黑黢黢的灶屋里,妈妈总是把不同的饭菜和佐料用不同的土碗分别整整齐齐地摆放在那个灶口,柴火烟气氤氲着的味道,在我出走半生之后仍然记忆犹新。

小时候我有点淘气,曾有一次在外面玩弄了一身的灰回来,刚到门口妈妈就把我叫住了:"你就站在那里,不许进来!"我当时很恐慌,我不知道我犯了什么错误,妈妈说:"我有没有跟你说过要爱干净!"我看了一眼身上有好几个补丁的衣服,说:"反正是补丁衣服,能有什么关系呢?"我妈妈当时非常生气:"甲儿，你听好了，哪怕是补丁衣服，我们也要穿得干干净净！"

大学毕业回到山里，我的第一份工作是到燃化局做安全员。上班的头一天，妈妈做了一桌子菜，在饭桌上妈妈对我说："行甲，现在你是个工作同志了，以后一个是要勤快，二个是要干净！"这句话伴随了我的整个行政生涯。我在巴东的时候，把巴东精神确定为四个字：干净、自强。我走了三个年头了，这四个字依然挂在巴东县政府的大楼上。

妈妈给我上的人生第二课是悲悯。小时候村子里有潘伯伯、王伯娘这样一家。他们有七个孩子，记忆中村子里就是很不待见这一家。潘伯伯总是佝偻着腰、拿着个烟袋，走到哪儿咳到哪儿、吐到哪儿，王伯娘似乎永远没梳过头，总是蓬头垢面。就是这样一家人，他们经常会到我们家来借盐吃，我很少看到他们还过。大概因为面子的缘故，他们时常换不同的孩子来借，但是我妈妈从来没有让他们空手回去过。少不更事的我曾经问过妈妈："他们总说借，总不还，为什么还要给他们借呢？"记得当时妈妈非常生气，拉下脸呵斥我："人不到活不下去的地步，怎么会借盐吃，如果我们不借，他们就没地方借了！以后不许你说这种话！"还有一次深夜，王伯娘又跑到我们家来哭诉，说他们家三女儿有人上门提亲了，可是没有一件穿得出去的衣服，那天晚上我亲眼看见我的妈妈把她出嫁的时候穿的一件白色带暗红格子的"的确良"衣服送给了王伯娘家三女儿。现在回想起来，妈妈虽然也穷，但是她就像那个村里的"菩萨"，她在用她不大的力量小心翼翼地呵护着那些比她更弱的人活着的尊严。妈妈的言传身教刻在我的血液里，无论是当书记还是做公益，我始终像妈妈一样对待弱者。

我去巴东的时候，巴东县有将近五百个艾滋病患者，其中有一个很特别的村，一个村就有三十五个，他们基本不与外界联系，成了孤村。我安排镇政府杀了一头猪，我亲自到这个村里请所有的艾滋病患者一起吃饭，我们互相夹菜、一起喝酒，那天所有在场的人都哭了。那是很久以来他们第一次被当作正常人来看待，我就是想通过这个告诉大家这些人已经够苦了，他们不应该被歧视！我后来做了公益，每当我走进儿童血液科的病房，那些光着头、戴着口罩，蜷缩在病床上的孩子，还有守在病床旁边面容枯槁的爸爸妈妈，他们的眼神总让我想起童年潘伯伯一家的目光。一个人的力量不可能改变这个世界，但是我也希望我能够像妈妈一样，用我不大的力量来帮这些人活得容易一点儿。妈妈走后很多年我都难以释怀，到现在我终于明白了，只要我像妈妈那样干净、善良地活着，我还在，我的妈妈就还在呀！

如果说，我的妈妈像一根火柴，她发出的微光照亮过那个山村，我愿意做一根蜡烛，燃烧自己去照亮那些弱势者前行的路程！我现在是一名公益人，公益是一个照亮社会的事业，我希望有更多的年轻人，更多的你们能够加入公益的队伍，我们一起像一束束火把去照亮更美好的中国！

资料来源：本案例中的演讲素材来自《我是演说家》节目

IDEA 演讲提纲	
IDEA（想法）	像我的母亲一样爱干净、有悲悯心，去帮助弱势群体
印象（Impression） 建立 IDEA 匹配的印象 ——引发听众关注	印 1 标签式印象点：B 特色型标签　C 身份型标签 印 2 结果式印象点：成就型结果 印 3 辅助式印象点：A 服饰型辅助　B 道具型辅助
印象点：印 1B：最美丽的女人；印 1C：导师	

(续)

IDEA 演讲提纲		
欲望（Desire） 唤醒 IDEA 相关的欲望 ——激活听众渴望	欲 1 情感式欲望点：A 好奇心型情感　　B 同理心型情感 欲 2 认知式欲望点：A 经验型认知　　　B 解惑型认知	
欲望点：欲 1A：陈行甲的母亲如何让他在无数个岔路口走了自己想走的路		
链接（Explore） 植入 IDEA 有效的链接 ——输入听众信息	链 1 证明式链接点：A 经历型证明　　B 解释型证明 链 2 诠释式链接点：案例型诠释 链 3 展开式链接点：分解型展开	
链接点：链 1A ① 做人要爱干净　②做人要有悲悯心　③ 做人要帮助弱势群体		
融合（Acquire） 塑造 IDEA 对应的融合 ——获取听众共鸣	融 1 场景式融合点：生活型场景 融 2 精神式融合点：A 号召型精神　　B 哲理型精神	
融合点：融 2A：一起像一束束光照亮更美好的中国		

1917 年 1 月 9 日，北大校长蔡元培先生在就职典礼上发表了一场精彩的主题演讲，该演讲对北大的影响极为深远。以下是蔡校长的演讲全文以及 IDEA 演讲模型解析：

各位，五年前严复先生为北大校长时，我服务于教育部，做教育总长。记得北大开学的那天，我为本校做了一点贡献。

诸君多自预科毕业而来，想必也知道，士别三日当刮目相看，何况时日已过去数年，诸君与往昔相比，一定有了长足的进步。

我今天就要服务于北大，我有三件事要告诉诸君：一、抱定宗旨。诸君来此求学，必有一定宗旨，须知宗旨，正大与否，必先知大学之性质。大学者，研究高深学问之者也。现在外面常常有人指责北大之腐败，是因为来此求学者，都抱有当官发财的思想，以此为捷径。因为一心要做官，一心想发财，所以，从不问教员之学问深浅，唯问教员官职的大小。官阶大的，就特别受欢迎，这大概是为了方便毕业时有人提携吧。我想说的是，诸君来北大求学，三年或四年，时间不谓不多，如能爱惜光阴，孜孜求学，则其造诣定然会很高、很深。诸君来北大求学的宗旨是做官发财，那这个宗旨就错了，求学的路，就必然走偏了。平时冶游，考试来了，才去翻读讲义，不问学问之有无，唯争分数之多寡；考试结束，书籍，束之高阁，毫不过问，潦草塞责；文凭到手，即可以此活动于社会，光阴虚度，学问毫无。这是自误啊，这与到北大求学的真正宗旨，是大相背驰的。大家也许还记得发生不久的辛亥革命，我们之所以要革命，就是因为清朝政府太腐败，就是现在也有许多人，对现状不满意，也是因为社会道德沦丧。诸君在这个时候，如果不打好基础，勤奋求学，万一为生计所迫，做了教员，则一定会耽误学生哪；你进入政界，则一定会耽误国家呀，这是耽误别人，误人误己。所以，宗旨不可以不正大，这是我希望于诸君者之一；二、砥砺德行。如今的社会风气啊，越来越苟且敷衍，只顾眼前，道德沦丧、败坏德行的事情，触目皆是，不是德行根基牢固的人，少有不被这种社会风气所污染。各位，国家的兴衰，要看社会风气是高尚还是低劣，如果都流行于这种社会风气，前途不堪设想，所以要有卓越之人，以身作则，尽力去矫正这种颓废的社会风气。诸君皆为大学学生，地位甚高，肩此重任，责无旁贷。如果德不修、学不讲，还与这种颓废的社会风气同流合污，那亦是侮辱自己，更何谈，做他人的榜样呢？所以，品行不可以不严谨对待，这是我希望于诸君者之二;三、敬爱师友。坦诚相见、开诚布公、相互勉励。各位，我们同处北大，要荣辱与共啊。我相信，我们北大一定会是出文化大家、思想大家的地方。

我今天就说这么多，来日方长，随时再为商榷。

IDEA 演讲提纲	
IDEA（想法）	做一名合格的北大人
印象（Impression） 建立 IDEA 匹配的印象 ——引发听众关注	印 1 标签式印象点：B 特色型标签　C 身份型标签 印 2 结果式印象点：成就型结果 印 3 辅助式印象点：A 服饰型辅助　B 道具型辅助
印象点： 印 1C：教育总长；印 2：为本校做了一点贡献	
欲望（Desire） 唤醒 IDEA 相关的欲望 ——激活听众渴望	欲 1 情感式欲望点：A 好奇心型情感　B 同理心型情感 欲 2 认知式欲望点：A 经验型认知　　B 解惑型认知
欲望点： 印 1B（责任感）：数年已过，作为北大人，我们应当比以前更加出色。	
链接（Explore） 植入 IDEA 有效的链接 ——输入听众信息	链 1 证明式链接点：A 经历型证明　B 解释型证明 链 2 诠释式链接点：案例型诠释 链 3 展开式链接点：分解型展开
链接点： 链 3：① 抱定宗旨 ② 砥砺德行 ③ 敬爱师友	
融合（Acquire） 塑造 IDEA 对应的融合 ——获取听众共鸣	融 1 场景式融合点：生活型场景 融 2 精神式融合点：A 号召型精神　B 哲理型精神
融合点： 融 1：来日方长，随时商榷	

后 记

写完这本书,我感慨万千,不只是因为这本书凝结了我十多年的心血,更因为它将极大推动 IDEA 演讲模型成为演讲标准。10 年之内,我希望 IDEA 演讲模型能够走进世界各地,帮助全球没有天赋的普通人成为演讲高手,让他们的生活和事业因为演讲而发生巨大的改变。为了佐证 IDEA 演讲模型的普适性,我在书中引用了不少经典演讲片段;部分演讲片段由于目前没有演讲者的联系方式,若有侵权烦请告知,我们将第一时间做出调整。

细心的你可能会发现,IDEA 演讲模型不仅是演讲的底层逻辑,还可以应用在我们生活和事业方方面面的高效沟通。例如,周末到了,你计划带孩子去自然博物馆,但孩子不愿意,你很可能会说:

宝贝,听妈妈的话,咱们去自然博物馆,那里特别好玩儿,有很多你没见过的动物。

孩子听完面无表情,还是不想去,该怎么办?那就赶紧使用 IDEA 演讲模型,首先设计好你想要植入孩子心智的 IDEA(想法):"自然博物馆是小孩子特别喜欢的地方",然后再根据 IDEA 演讲模型层层展开。你可以这么说:

IDEA(印象):宝贝,你们班的田田、乐乐等好多小朋友都去过这个博物馆。

后 记

　　IDEA（欲望）：据说像你这样可爱聪明的小孩会得到一个小礼物哦。（孩子面露喜悦）

　　IDEA（链接）：博物馆里有特别神奇的动物，比如会飞的鱼，牙齿超级长的老虎；还有科幻电影可以看，戴上眼镜，原始森林立刻会出现在你面前，你的身边全是各种各样的小动物。

　　IDEA（融合）：宝贝，这次就让妈妈牵着你的手，一起走进神奇的动物世界，好吗？

　　不出意外，孩子会点点头跟你出门了。我们一起分析下，上面这段话里包含了结果式印象点："田田、乐乐等好多小朋友都去过这个博物馆"；价值式欲望点："得到一个小礼物"；证明式链接点（解释型）："特别神奇的动物、科幻电影"；场景式融合点："一起走进神奇的动物世界"。

　　根据 IDEA 演讲模型，我们可以随意更换上述高能量信息点，达到同样理想的沟通效果。你也可以这么说：

　　IDEA（印象）：宝贝，妈妈要带你去的自然博物馆是一个大宝藏。

　　IDEA（欲望）：你想不想看看几万年前的大象长什么样？（孩子一脸好奇）

　　IDEA（链接）：妈妈小时候去过这个博物馆，一进门就能看到和两层楼差不多高的大象，大象的牙齿有好几米长，妈妈当时既开心又兴奋，绕着大象跑了好几圈。博物馆里还有会飞的鱼、可以喷火的龙。

　　IDEA（融合）：宝贝，咱们这次去博物馆，一起和这些神奇动物合个影，好吗？

其中包含标签式印象点:"大宝藏";情感式欲望点:"几万年前的大象长什么样";证明式链接点(经历型):"小时候去这个博物馆的难忘所见";场景式融合点:"一起和神奇动物合影"。

由于篇幅关系,不再过多举例。希望大家可以举一反三,充分发挥IDEA演讲模型的巨大价值,用演讲点亮人生!